沈阳师范大学学术文库

2023辽宁省经济社会发展合作课题（20231s1hzqn-18）

2022辽宁省哲学社会科学青年人才培养对象课题（20221s1qnrcwtkt-54）

沈阳师范大学重大孵化项目（ZD202006）

沈阳师范大学研究生教育教学改革研究项目（YJSJG320210098）的阶段性研究成果

翻译研究论文写作

学术方法与前沿话题

李晗佶 著

九州出版社
JIUZHOUPRESS

图书在版编目（CIP）数据

翻译研究论文写作：学术方法与前沿话题／李晗佶
著 . -- 北京：九州出版社，2022.7
ISBN 978-7-5225-0980-8

Ⅰ.①翻… Ⅱ.①李… Ⅲ.①翻译学—论文—写作
Ⅳ.①H059

中国版本图书馆 CIP 数据核字（2022）第 102548 号

翻译研究论文写作：学术方法与前沿话题

作　　者	李晗佶　著	
责任编辑	黄明佳	
出版发行	九州出版社	
地　　址	北京市西城区阜外大街甲 35 号（100037）	
发行电话	（010）68992190/3/5/6	
网　　址	www. jiuzhoupress.com	
印　　刷	唐山才智印刷有限公司	
开　　本	710 毫米×1000 毫米　16 开	
印　　张	14	
字　　数	151 千字	
版　　次	2023 年 1 月第 1 版	
印　　次	2023 年 1 月第 1 次印刷	
书　　号	ISBN 978-7-5225-0980-8	
定　　价	95.00 元	

前　言

　　得益于翻译科学化和学科化进程的飞速发展，翻译这一古老的人类实践活动在当重新今焕发出活力。不仅翻译实践的总量在日益增长，国际间的跨文化沟通得到了极大的便利；同时翻译研究也受到了前所未有的关注，译学呈现出"百家争鸣"的态势。以国内为例，不断完善的翻译专业本、硕、博培养体系每年输送大量的翻译研究人才。但是对于翻译研究是什么、怎么做以及研究什么等关键性问题，研究新手似乎难以给出明确的答案。

　　基于上述问题，本书旨在为翻译研究者提供一把入门的"钥匙"。本书的最初构想来自笔者在硕士研究生期间学习的《翻译研究方法》课程。通过这门课的学习，笔者对翻译研究有了更为全面且深刻的认识。但是在笔者查找相关教材，准备进一步研学的过程中，却发现国内外此类著作或多或少都存在着一些问题，具体表现为"理论与实践相脱节、文献陈旧且来源集中、口笔译论述不均、内容设置不完善等"。基于上述问题，本书在撰写过程中遵循以下4条原则：

　　理论性原则：翻译是一项理论与实践并重的活动，翻译研究也同样如此。为此，本书参考了国内外大量"研究方法"或"论文写作"论著，借鉴其中理论部分来加强翻译研究论文写作的框架指导。通过阅读，读者对翻译研究、翻译研究论文写作的基本概念、方法、原则有较为清晰地了解。

实践性原则：本书在理论介绍的同时，也注重应用性分析。通过大量例证，对翻译学术论文写作的理论进行解释。读者可以按照论文从选题到修改的整体过程，以及从标题到参考文献的论文内部要素两条路径对学术论文写作进行把握。

全面性原则：本书将视角聚焦于学术论文，即包括期刊论文，同样也涵盖学位论文的相关内容。同时在材料选取上，也注重国内研究与国外观点、新文献与经典文献的平衡介绍。

真实性原则：本书凝结了笔者在学术研究中总结的心得，同时也尽量选取亲自撰写的翻译研究期刊论文与本、硕、博学位论文，以此从选题来源、撰写思路、修改方式等角度进行剖析。

本书在结构上分为两篇：上篇"翻译研究论文写作的学术方法"对学术研究的基础与意义、翻译研究论文的类型、要素构成、学术资源、实施步骤、伦理规范等问题进行了明确。

下篇"翻译研究论文写作的前沿话题"，对选取4个话题的研究背景、研究现状进行了介绍，并结合发表于国内学术期刊上的学术论文，进行了案例导读。

本书适用于翻译专业本科生和研究生，以及对翻译研究感兴趣的相关人员。

由于笔者能力所限，同时鉴于写作时间和篇幅等因素，本书在内容编排、观点论述过程中存在着很多不足，敬请专业人士和读者批评指正。

目　录
CONTENTS

上 篇

01

翻译研究论文写作的学术方法

俗话说得好，只有"知己知彼"才能"百战百胜"。在着手进行翻译研究前，我们首先需要对翻译研究中的基本概念有较为全面且清晰的理解。为此，本篇作为"理论"部分，将对翻译研究论文写作的学术方法进行介绍。本篇的内容虽聚焦在理论层面，但为了更好地阐释，同样借鉴了很多国内外学者研究的成果。在实际的写作过程中，论文要素和写作过程两大主线往往交织在一起、难以明确区分。因此，本篇的部分内容在论述上也相互关联，读者可以从整体角度进行把握。

第一章

学术研究的基础与意义

本章是全书内容的基础，我们将在此明确翻译研究中的几个初始性问题。首先，针对翻译研究是什么，我们将探讨翻译学术研究与论文写作的概念。其次，针对翻译研究为什么，我们将了解翻译学术研究的意义。最后，针对翻译研究怎么做，我们将总结出学术研究应具备的基本能力。

一、什么是翻译学术研究与论文写作

（一）学术研究与学术论文

在本书的开篇，我们有必要对"学""术""研""究"这四个概念进行解读。

首先，什么是"学术"？"学"字最早发现于甲骨文。在《说文解字》中，"学"的本义是对孩子进行启蒙教育使之觉悟。在逐渐的演进发展过程中，"学"衍生出动词词性和名词词性，即"学习"与"学问"两个分支。《庄子·天下》中提到"百家之学时或称而道之。"由此可见，作为名词的"学"就是指"知识方面自成系统的主张、理论。"在《说文解字》中提到，"术，邑中道也。从行、术声。"具体来说，"术"在当今的语境中主要表示"方法与策略"。"学""术"二字组合在一起就是指用科学的方法来进行系统的知识、理论研究。其中"学"重思想，"术"重实践，二者是"道"与"技"的统一①。

其次，什么是"研究"？就"研"而言，《说文解字》指出"研，磨

①　张清民. 学术研究方法与规范［M］. 北京：中华书局，2013：22.

也。从石、开声 。"我们可以看出，"研"和"磨"原本同义，现在"探讨"的意思中也隐含着"研磨精细"与"辛苦劳作"的意味。"究"在《说文解字》中指的是"究，穷也，从穴九声。"也就是要就一个问题穷尽到底。"研究"就是指对事物真相、性质、规律等进行无穷尽的积极探索的过程。

综上所示，我们可以对"学术研究"作出一个简要的概括，即学术研究是人们依照科学、系统的方法（即"术"）、对特定学科领域的知识与问题（即"学"）进行精细（即"研"）且"透彻"（即"究"）地探讨，并追求真理的一项人类活动。

学术研究是一个过程，其最终的成果需依附某种载体得以呈现，具体来说可分为研究报告、模型或专利、学术专著等多种形式。其中，最为常见的当属学术论文。在国家标准化管理委员会出台的《科学技术报告、学位论文和学术论文的编写格式》文件中，学术论文被定义为"某一学术课题在实验性、理论性或预测性上具有的新的科学研究成果或创新见解和知识的科学记录，或是某种已知原理应用于实际上取得新进展的科学总结，用以提供学术会议上宣读、交流、讨论或学术刊物上发表，或用作其他用途的书面文件"。

通过这一定义，我们可以归纳出学术论文的写作目的，即搭建研讨学术问题的交流平台、记录描述科研成果的具体手段、交流推广学术成果的有效工具。

（二）翻译研究与翻译研究论文

1. 翻译研究的科学化进程

翻译的历史可以说和人类的历史一样悠久。早期原始部落之间的相互理解与交流全有赖于翻译。从古罗马帝国的建立，国家之间哲学、文艺、科技的交流到经济、政治等各方面的沟通都离不开译者的参与。早在公元前约 3000 年，亚述帝国就出现了正式的文字翻译。无论是《七十子希腊文本》（*Septuagint*）还是圣塞塔石碑（Rosetta stone）都是古代先哲们智慧的结晶。在讨论"翻译研究"之前，我们有必要对"翻译"的概念进行厘清。语言学家罗曼·雅各布森（Roman Jakobson）将翻译视为符号间的相互"阐释"，因此做出了语内翻译（Intralingual Translation）、语际翻译（Interlingual Translation）和符际翻译（Intersemiotic Translation）的 3 类区分①。语际翻译，顾名思义就是指不同语言符号之间的转换活动，这种狭义概念上的翻译也是当前语境下所讨论的重点。

　　无论是西方的《圣经》翻译还是我国的"佛经"翻译，古代先哲们的翻译实践都为后世留下了高贵的精神财富。语文学时期从事翻译工作的多为哲学家、语文学家、作家和诗人，在对经典文献和文学作品进行翻译的过程中，他们也进行了经验归纳。如古罗马著名演说家、哲学家西塞罗（Marcus Tullis Cicero）主张翻译不仅要保持原作的内容，同样也应保持原作的形式，并区分了'解释员"和"演说家"两种翻译。古罗马帝国著名的翻译家贺拉斯（Quintus Horatius Flaccus）提倡在翻译中不应墨守成规，可以适当地创造并引进新词来丰富本国语言从而强化作品的表现力。哲罗姆（St. Jerome）认为，对于文学作品和宗教典籍的翻译应该区别对待，《圣经》等宗教典籍应主要采用"直译"的方法，而文学作品则可以转变表达方式以谋求原意的传达。哲学家奥古斯汀（St. Augustine）指出，翻译风格应取决于读者要求。德国宗教改革代表人物马丁·路德（Martin Luther）主张《圣经》翻译应秉持人文主义语言观，译文应通俗易懂、简单明了使得民众易于接受。英国翻译家泰特勒（AIexarlder Fraser Tytler）提出了"翻译三原则"，即译作应该完全复现原作思想、译作风格应该和原作一致、译作应该和原作一样通顺，这三条原则对后世翻译理论产生了巨大的影响。通过翻译语文学时期重要人物的理论观点，我们不难发现，虽然这一时期的翻译家们在文学翻译领域进行了有益的探索，但是他们所探究的问题依旧局限于翻译方法、翻译标准、可译性等微观问题。同时他们

① 陈永国．翻译与后现代性［M］．北京：中国人民大学出版社，2005：142.

的理论多源于翻译实践，带有明显的经验主义色彩，在形式上也较为凌乱，并未形成体系①。

　　20世纪初，索绪尔（Ferdinand de Saussure）为语言学的建立提供了坚实的基础，语言学分支也开始不断涌现。同时，语言学家开始反思以往的语文学派翻译理论，他们意识到系统化理论的缺失难以在词、短语和句子的翻译层次上加以指导。语言学家认为，只要确定翻译的基本单位并找到语言间的等值方法，翻译问题就能迎刃而解。罗曼·雅各布森1959年发表的论文《论翻译的语言学问题》（*On Linguistic Aspect of Translation*）被视为是翻译研究"语言学"转向的开端。卡特福德（John Cunnison Catford）就翻译的性质、类别、对等、转换和限度等问题进行了具体论述。奈达（Eugene Nida）以目的语和目的语文化为准，在考虑到译文读者接受度的情况下提出了"动态对等"（Dynamic Equivalence）学说，强调语言间是信息功能上而非形式上的对等。德国功能派代表人物赖斯（Katharina Reiss）和弗米尔（Hans Vermeer）认为"文本的目的"是翻译中最重要的原则，从而提出了目的论（Skopos Theory）。语言学理论的引入使翻译由一种经验式的实践活动逐渐被承认为一门科学。但是语言学转向下的翻译研究仍然存在着诸多的局限，这一时期的翻译理论家们注重原文的信息层，力图寻求语言间转换的内核而忽略了翻译中的文化和交际问题。

　　正如芒迪（Jeremy Munday）所述，翻译实践多年来一直被看作是从属的、派生的，这一态度也贬低了翻译的学术研究。翻译研究经历了忽视和压抑之后，而今终于得以稳固②。面对"语言学转向"为翻译研究所带来的种种困境，翻译研究的"文化转向"应运而生。解构主义思潮的兴起打破了语言学的结构主义枷锁，人们开始关注文本背后的社会力量和文化力量。20世纪70年代佐哈尔（Itamar Even-Zohar）提出的多元系统理论

---

①　李文革. 西方翻译理论流派研究［M］. 北京：中国社会科学出版社，2004：33.
②　杰里米·芒迪. 翻译学导论——理论与实践［M］. 李德凤，等译. 北京：商务印书馆，2007：23.

（Polysystem theory）吹起了翻译文化转向的号角。随后，描写学派（Descriptive Translation Studies）代表人物图里（Gideon Toury）和赫曼斯（Theo Hermans）以其理论为出发点，对翻译规范（Translation Norms）进行了深入研究。自此以后，翻译研究呈现出多元化的趋势，进入了全新的阶段。巴斯奈特（Susan Bassnett）和勒菲弗尔（Andre Lefevere）于90年代响亮地喊出了"文化转向"的口号，他们认为翻译并非只是两种语言在词、句、篇上的语言转换，更是两种文化之间的对话。翻译是一系列复杂的文本操纵活动，除译者之外的出版商、赞助人等都应纳入考量的范畴①。女性主义翻译理论、后殖民翻译理论与解构主义翻译理论在这一思潮的推动下如雨后春笋般凸现出来。加拿大女性主义翻译理论家西蒙（Sherry Simon）认为，"文化转向"是翻译研究中最激动人心的进展，它为翻译研究增添了一个全新的维度②。

翻译研究经历了从"语言学转向"时期对文本内部的微观分析到"文化转向"时期对于文本外部宏观因素的转换，这两种不同的研究范式在当下相互融合并借鉴发展，由此又引发出了"异彩纷呈的转向"。通过对文献的梳理，喻锋平指出，当今翻译研究出现了包括译者转向、现实转向、创造性转向、认知转向、伦理转向、语用转向、社会学转向、权利转向等诸多说法③。德国翻译理论家斯内尔—霍恩比（Mary Snell-Hornby）经过综合考察，归纳出90年代两个较为显著的转向，即实证转向（Empirical turn）和全球化转向（Globalization turn）：前者是指方法论上的转换，强调运用实验对翻译活动进行可证伪研究；后者则涉及科技发展、全球化发展

---

① BASSNETT S, LEFEVERE A. Translation, History and Culture [M]. London: Pinter Publishers, 1990: 8.

② SIMON S. Gender in Translation: Cultural Identity and the Politics of Transmission [M]. London: Routledge, 1996: 7.

③ 喻锋平. 国内外翻译研究转向及范式转换综述 [J]. 外语与外语教学, 2012 (2): 78-81.

以及英语成为通用语后给翻译研究带来的负面影响①。

2. 西方翻译研究的学科化进程

如果说罗曼·雅各布森开始了翻译科学化的进程，那么翻译学科化的开创者就要数詹姆斯·霍姆斯（James S. Holmes）了。著名翻译学家霍姆斯于 1972 年在丹麦哥本哈根举行的第三届国际应用语言学大会（the Third International Congress of Applied Linguistics）上发表了《翻译学的名与实》（*The Name and Nature of Translation Studies*）一文，提出了翻译研究的总体框架，并描述了翻译研究涵盖的内容。该文引起了巨大反响，根茨勒（Edwin Gentzler）对其做出了极高的评价，"这篇论文被普遍认为是翻译研究领域的创建宣言"②。

从名的角度来讲，霍姆斯给了翻译学一个"合法"的学科称谓，即翻译研究（Translation Studies）。他强调翻译研究是一门经验学科，研究对象是翻译活动和翻译作品。同时也指出，翻译研究的功能不仅在于探讨如何翻译，更在于描述翻译现象和行为，解释、甚至预测未来的翻译。

从实的角度来讲，霍姆斯把翻译学划分为纯翻译研究和应用翻译研究两大分支。前者又可进一步分为描写翻译研究和理论翻译研究；后者包含翻译教学、翻译辅助、翻译政策和翻译批评等。这篇论文的贡献不仅在于推动了翻译研究的转向，更在于将以往的规范性翻译研究转向了描写性翻译研究，同时还将翻译学内部各分支进行了合理划分，使其相互联系、相互作用③。自此，西方翻译学开始了飞速的发展。

3. 我国翻译研究的学科进程

1951 年，董秋斯先生在《翻译通报》上发表了一篇题为《论翻译理

---

① SNELL-HORNBY M. The Turns of Translation Studies: New Paradigms or Shifting Viewpoints? ［M］. Amsterdam: John Benjamins , 2006: 115, 128.

② GENTZLER E. Contemporary Translation Theories ［M］. New York: Routledge, 1993: 92.

③ 张美芳. 翻译学的目标与结构——霍姆斯的译学构想介评 ［J］. 中国翻译, 2000（2）: 66-69.

论的建设》的文章，第一次明确提出了建立翻译学的主张。但是他的设想在很长时间内并未得到重视。自80年代以来，在引介国外翻译研究成果的基础上，我国翻译研究开始逐渐得到发展。刘宓庆《当代翻译理论》和马祖毅《中国翻译简史》两本书的陆续出版已初步实现了董秋斯先生的设想。

依照国际通例和学术界公认的标准，一门学科的形成和被承认，除了区别于其他学科的有专门价值的理论体系和实践成果外，还需要具备一些保证其持续运作和发展的基本外部条件，如行业协会团体、专业性杂志、高等院校中的系科或研究所、完善的研究生硕士、博士和博士后教育体系等①。我们可以以此为据，对我国近些年的翻译学发展进行审视。

首先，在行业协会团体层面。中国翻译工作者协会自1982年成立以来，充分利用自身的资源优势，经常举办翻译行业的学术交流活动，积极开展翻译人才培训、翻译咨询服务和与翻译工作相关的社会公益活动，同时进行行业指导，参与行业管理，积极推动中国翻译行业国家标准的制定与实施。此外，如广东、山东、辽宁、浙江、四川、江苏等省份也组织与翻译工作相关的机关、企事业单位、高等院校、社会团体及个人自愿结成的学术性、行业性、非营利社会组织，定期开展学术讲座、竞赛交流等活动。

其次，在专业性杂志层面，《中国翻译》《上海翻译》《东方翻译》《中国科技翻译》已经成为国内学者展示、交流、学习翻译最新研究成果的重要平台。

再次，在高校院系层面，根据《教育部关于公布2005年度教育部备案或批准设置的高等学校本专科专业结果的通知》，"翻译"专业获批。广东外语外贸大学、复旦大学与河北师范大学等三所高校于次年开始招收"翻译"专业本科生。截至2019年5月，我国共有281所高校开设了翻译

---

① 陈跃红．学术的国家意识与国际意识——乐黛云先生的学术视野［J］．中国比较文学，1999（2）：97-109.

专业。此外，一些外语类专业院校及外语教学实力雄厚的院校还在原有院系的基础上重新组建了高级翻译学院。如北京外国语大学、上海外国语大学、广东外语外贸大学、四川外国语大学、中山大学、暨南大学等。

最后，在人才培养体系层面，目前的国内翻译学本科（BTI）教学经过多年建设已经较为成熟，在研究生阶段有翻译学硕士（MA）和翻译专业硕士（MTI）两种培养体系。自 2007 年首批经国务院学位委员会批准，截至 2020 年 4 月，全国共有 259 所翻译硕士培养单位。关于翻译学博士（DTI）的专业设置与培养，广东外语外贸大学、上海外国语大学、北京外国语大学等院校已经做出了尝试，并且培养了可观的翻译研究人才。由此可见，我国翻译教育已经初步形成了从本科到博士的完整闭环。

结合前面对学术研究的定义，我们可以对翻译研究作出如下概括：

翻译研究是人们依照科学、系统的翻译研究方法和理论、对翻译学科领域的知识与问题进行精细且"透彻"地探讨，并追求翻译本质、译者思维和翻译行为三者之间联系的一项人类活动。

那么顾名思义，翻译研究论文就是对上述研究成果以期刊论文或学位论文为形式所呈现的载体。

二、为什么要进行翻译学术研究

正如市面上浩如烟海的以"翻译理论与实践"命名的图书和高校开设的课程所示，翻译历来都是一项理论与实践并重的人类活动。但是翻译研究的必要性却一直存在争议。一些翻译实践家们认为，翻译成功与否的关键在于经验，抽象的理论难以直接指导实践，因此是无用的。杨绛的一段话具有代表性："反正一切翻译理论的指导思想，无非是把原作换成一种文字，照模照样地表达……。至于如何贯彻这个指导思想，却没有现成的规律，具体问题，只能个别解决。"① 傅雷也持相似的观点，"翻译重在实

---

① 杨绛．失败的经验（试谈翻译）［J］．中国翻译，1986（5）：23-29.

践，我就一向以眼高手低为苦。文艺理论家不大能兼作诗人或小说家，翻译工作也不例外：曾经见过一些人写翻译理论头头是道，非常中肯，译东西却不高明得很，我常引以为戒"①。而从事翻译研究的学者们则重视理论分析，认为不仅理论研究自身有着重要的价值，同时成熟的翻译理论同样能够为翻译实践指引方向。如金隄（Jin Di）就认为，无论有意识还是无意识，译者都在遵循着某种理论进行翻译实践②。上述两种观点看似各有各的道理，但究其实质均有所偏颇。谢天振指出了当前翻译理论的三个误区，首先，将"怎么译"视为了翻译研究的全部，尽管这一问题的重要性不言而喻，但是从更广阔的文化层面审视翻译无疑将更有意义；其次，对翻译理论的实用主义态度导致人们仅关注强调理论对实践的指导作用，而忽视了其认识作用；最后，过分强调"民族特色"也忽视了理论的共同性③。

那么翻译研究中的"理论"与"实践"是否真的就是彼此对立的概念呢？通过翻阅查看许多翻译家对翻译理论作出的贡献，我们就可以知道答案。如许渊冲就指出，翻译理论来自翻译实践，又反过来指导翻译实践，同时受到翻译实践的检验④。正是基于这种理念，在长期的诗歌翻译实践过程中，他提出了兼具理论性和可操作性的原创理论体系："三美论""三化论"和"三之论"。再如著名翻译理论家奈达基于《圣经》翻译的经历，构建出了系统且科学的翻译理论大厦。他对翻译性质、翻译过程的界定以及"功能对等"理念的提出至今在翻译研究与翻译实践领域影响深远。曹明伦对此做出了精辟的总结，翻译理论与翻译实践的关系并不局限于指导与被指导的关系，翻译理论对翻译实践还有描述、解释、规范、启

① 罗新璋．翻译论集［M］．北京：商务印书馆，1984：625．

② DI J，NIDA E A. *On Translation*（论翻译）［M］．北京：中国对外翻译出版公司，1984：15．

③ 谢天振．国内翻译界在翻译研究和翻译理论认识上的误区［J］．中国翻译，2001（4）：2-5．

④ 许渊冲．翻译的理论和实践［J］．中国翻译，1984（11）：5-10．

发和预测的作用①。

自此，我们已经明确了翻译研究的"合法性"与"必要性"。那么作为翻译专业的学习者和研究者，在翻译实践的基础上，我们为什么要进行翻译学术研究呢？针对这一问题，可以从研究者身份转变的内在需求和社会对研究者的外在压力两方面进行探讨。

（一）角色身份带来的自我认同

经历了高中三年的辛苦学习，通过高考进入大学并选择了自己理想的专业，这成了许多同学成年以后第一次重要的身份转变。学习了四年的专业知识，继续攻读硕士研究生又成了许多同学第二次重要的身份转变。身份转变不仅意味着年龄的增长更意味着生活阅历的丰富。以北京外国语大学翻译本科专业，翻译学硕士研究生和博士研究生的培养目标为例②，我们可以从中了解不同学习阶段学习要求的变化。

北京外国语大学翻译本科专业培养目标：

1. 掌握相关的人文社科尤其是政治、经济、文教、科技、法律、金融商贸等主要领域的基础知识；

2. 熟悉英语国家与中国的历史文化和文学传统；

3. 具备比较准确的中、英文理解以及流畅的中、英文表达与沟通能力；

4. 熟练的英汉双语转换能力并拥有一定的口、笔译实战经验；

---

① 曹明伦．翻译理论是从哪里来的？——再论翻译理论与翻译实践的关系［J］．上海翻译，2019（6）：1-7，95．

② 翻译本科专业
英语学院翻译专业本科培养方案．https：//seis. bfsu. edu. cn/info/1076/5111. htm. （北京外国语大学官网）2021-11-24．
翻译学硕士
英语学院翻译学硕士研究生培养方案．https：//seis. bfsu. edu. cn/info/1077/5153. htm.（北京外国语大学官网）2021-11-24
翻译学博士
北京外国语大学翻译学博士研究生培养方案．https：//gsti. bfsu. edu. cn/info/1162/2500. htm.（北京外国语大学官网）2019-3-28．

5. 了解行业规范与标准，具备职业翻译工作者应有的从业潜力、心理素质和职业道德素养；

6. 具有基本调研能力；

7. 具备第二外国语言基本知识；

8. 掌握文献检索、资料查询的基本方法，具有初步的实际工作和科学研究能力。

北京外国语大学翻译学硕士研究生培养目标：

1. 系统地掌握本学科的基础理论、专门知识和研究方法；系统地了解本学科的知识结构和发展历史；了解本学科在国内外的最新研究成果；培养关注热点问题、独立分析问题的能力；

2. 能够在导师指导下对理论和具体研究领域进行有一定新意的独立研究。学位论文有一定的独立见解，有一定的理论或现实意义；

3. 具有开拓精神、创新意识、国际视野、较强的综合实践能力和科学研究能力。具有良好的学风和学术道德，诚实守信，遵守学术规范。

4. 能用第二外国语阅读与本专业有关的文献资料，有一定的口语和书面语应用能力；能熟练运用计算机和其他现代技术手段进行科研工作；

北京外国语大学翻译学博士研究生培养目标：

1. 掌握本学科宽广的基础理论、系统的专门知识和扎实的研究方法；能用英语阅读与本专业有关的文献资料，具有专业英语写作和听说能力；能用第二外语阅读与本专业有关的文献资料，有一定的口语和书面语应用能力；能熟练运用计算机和其他现代技术手段进行科研工作；

2. 学位论文有独特见解或创新性，能反映学术前沿动态，对学术研究有一定的理论意义，或者对我国社会、文化、经济发展有一定的现实意义；

3. 具有广阔的学术视野、较强的开拓精神；具有独立从事研究工作的能力；在本学科做出有原创性的成果。

综上所示，翻译本科阶段的培养目标主要在于培养学生的知识储备

（包括人文知识、双语能力和翻译能力），同时也涉及如调研、文献检索与查阅等初级科研能力；硕士研究生阶段的培养目标则更加注重学生对学科理论知识的系统掌握，并提出在具体领域做出具有一定意义的独创性研究；博士研究生阶段的培养目标则对学生科研部分提出了更高的要求，要求学生不仅知识体系要掌握得更加全面，同时对于学术论文提出的观点也要具有独创性和创新性。

　　如果说本科阶段的任务是学习某一学科的基本知识。那么到了研究生阶段，就需要运用已有的知识储备，就学科内有价值、有意义的问题形成自己的观点，重点在于问题探求。

　　这种从本科生到研究生的身份转变不仅体现在培养目标中，同时也更为清晰地体现在不同阶段课程设置的差别上。

　　何刚强指出，本科阶段应该以翻译实践为主，也就是以"术"的传授为主；硕士研究生阶段应当理论与实践并重；而到了博士研究生阶段则应以理论研究为导向，即建立在"学"的基础上①。同样以北京外国语大学的培养体系为例，翻译本科阶段学校开设口笔译理论与实践等翻译基础课以及法律翻译、商务翻译、文件翻译等专业选修课。可见，本科阶段的学习在于对翻译专业有宏观了解、并进行翻译实践。到了硕士研究生阶段，学校开设当代翻译研究、翻译研究方法与设计、翻译能力与测试、比较文学与翻译研究、语料库翻译研究等课程。从开设的课程名称中，我们就可以感受到其中的"学术研究"意味。博士研究生阶段则主要开设研究的学术前沿、翻译专题研究、学术文献阅读、翻译理论与研究方法等课程，更加强调讲授内容的专业性与时效性。

　　因此，从本科生到研究生的身份转变要求我们必须进行学术研究。首先，为了拿到学士、硕士或博士学位，我们必须完成本科学位论文、硕士学位论文或博士学位论文。其次，一些学校也会将在规定学术期刊发表学

---

① 何刚强．笔译理论与技巧［M］．北京：外语教学与研究出版社，2009：22．

术论文作为申请研究生学位的必要条件。

那么，这是否意味着撰写学术论文的动机就是被动的呢？其实不然。学位论文事实上是对不同学习阶段学习成果的展现，是人生成长的记录。期刊论文同样也是某一阶段研究或阅读的总结和归纳。一篇满意学位论文通过答辩，一篇优质的期刊论文得以发表都是对自我的极大肯定。身份转变不仅在于外界对自我身份的重新定义，同样也在于自己对新的身份给予承认。

（二）现实压力引发的社会认同

1. 学术研究是科研人员的职责使然

成为一名研究生，可以说已经在成为一名"准学者"的路上迈出了一大步。学者，顾名思义，其职责就在于全身心的投入科学研究活动。作为科学研究的记录与载体，每一篇学术论文的撰写都是一次系统的训练，综合体现一名学者的专业知识水平、问题解决能力与思维能力。

2. 学术研究是科研人员的学术名片

如果说两个陌生人见面可以通过交换名片来互相了解，那么在学术交流场合，一个人的学术研究成果就成为了一张"学术名片"。设想一位你并不熟悉的国内专家即将来你所在的学校作报告，为了了解更多信息，你会怎么办？或许你会打开中国知网，以作者为检索依据来了解他或她的教育或工作背景（硕博论文授予单位，发文单位）、研究领域、研究层次（期刊层次）、学术影响（下载量、被引量）、合作网络（合作作者、师承关系）等指标。虽然这些量化的数字无法全面展现一名学者的学术水平，但是确实能够在某种程度上反映出一些有用的信息。

3. 学术研究是科研人员的发展要求

在当前快节奏的社会中，人文社会科学研究同样需要量化指标予以考核。目前国内大多数的院校都要求文科博士需要在"核心"期刊发表几篇学术论文才可被授予学位；高校教师晋升职称除师风师德、教学任务的考核外，科研成果中的论文发表也是重要的指标；无论是国家级、省部级、市级甚至是校级的科学研究项目结项，论文发表同样也是必备条件。由此可见，无论是为了获得学位、还是为了晋升高一级职称、抑或是为了科研项目结题，撰写学术论文都在其中扮演着重要的角色。

三、学术研究应具备的基本能力

晚清学者王国维在《人间词话》中提出了做学问的"三种境界"："古今之成大事业、大学问者，必经过三种之境界。'昨夜西风凋碧树，独上高楼，望尽天涯路'，此第一境也；'衣带渐宽终不悔，为伊消得人憔悴'，此第二境也；'众里寻他千百度，回头蓦见，那人正在灯火阑珊处'，此第三境也。此等语皆非大词人不能道。然遽以此意解释诸词，恐晏、欧诸公所不许也。"①这三种境界道出了学术研究之苦、之难。作为一名学者，从事学术研究需要具备一定的能力与心理建设，具体来说可归纳为 5 个方面。

（一）敏锐的判断能力

学术研究是一个发现问题并解决问题的过程。正如爱因斯坦（Albert Einstein）所言：产生问题常常比解决问题更具实质意义。作为研究的起点，提出新的问题、新的可能，从新颖的角度思考旧的问题就需要研究者具有敏锐的判断力、细致的观察力。研究新手常常被这个问题所困扰，即不知道自己的研究该从何入手。这种问题产生的原因主要有二：一是没有花时间阅读相关文献，没有细致观察生活。我们都知道摩天大厦不能凭空而起，科学研究也必须站在前人的肩膀上才能进行。因此，读文献是学者进行研究的必要条件。同时，很多的研究问题也并不一定只存在于书本里，在我们的日常生活中、在学习和教学过程中，我们都有可能发现问题。此时，就需要通过我们的细致观察，对问题进行升华和总结，并结合相关理论知识形成自己的研究问题。二是有时虽然花了很多的时间研读论

---

① 王国维. 人间词话［M］. 西安：陕西师范大学出版社，2005：27，176.

文、专著，但仍然找不出研究的入手点。有些同学常常感叹道"别人的观点已经很完美了，论述也很精彩，似乎没有给我留下需要展开的空间"。造成这种问题的原因就在于文献阅读的过程只是"被动接受"而非"批判继承"，也就是说我们需要带着问题进行阅读，了解文献观点提出的背景、脉络、概要与意义，结合自己的理解与知识，积极和客观地与作者进行"对话"和"交流"，发现其中存在的不足，从而提出自己的研究问题。

我们常说世上没有两片完全相同的树叶，教育背景、研究兴趣上的区别使得每个人关注的研究焦点都有所差异。但是我们也常说英雄所见略同，即有时你冥思苦想获得的灵感，经过查证却发现已经有人"捷足先登"。此时，你会觉得很沮丧，觉得自己的努力瞬间付诸东流。这就同样说明了学术研究中敏锐判断力的重要性，即一旦发现了研究问题，就应立刻着手展开，以抢占先机。即使成果已被抢先发表，我们同样也可冷静思考，找出你与他人研究在方法、结论等方面的差别，将现有的研究进一步完善。

（二）持之以恒的毅力

我们经常提到，做学问就要耐得住寂寞，坐得住"冷板凳"。在当今浮华和喧哗的社会生活中，做学问所付出的时间和精力往往难以获得同等的物质满足。"一夜成名""一劳永逸"等"中彩票"似的奇迹很难在学术研究领域发生。因此，研究者需要调整好心态，提前预想即将面临的困难并做好心理建设。

一个人的学识储备、研究经验需要通过不断地探索得以积累，在这一过程中就难免遇到挫折。研究受到导师的否定、成果不被同行专家所看好、论文投稿屡次被拒都是研究者面临的"家常便饭"。既然选择了做学术这条道路，我们就要坚定地走下去。面对来自外界的负面声音，我们首先应该坚持自己的初心，不轻易动摇。导师的否定可能来自沟通中的误解、同行的看轻可能由于各自研究领域的差别、期刊的拒稿或是由于写作风格、选题的不契合。但是，在肯定自身的同时，我们更重要的是吸收

"否定"中的"正向"因素，我的研究选题是不是存在问题？我的研究方法是不是不够科学？我的研究思路是不是逻辑不清？由此，我们不要把自己想得太"伟大"，也不要把自己看得太"卑微"，需要化"失败"为动力，以宽广的胸怀接纳批评，从而进一步完善自己的研究。正如彭端淑在《为学》篇中所言，"人之为学有难易乎？学之，则难者亦易矣；不学，则易者亦难矣"。只要我们坚定目标不懈努力，胜利的曙光就在前方。

（三）灵活的沟通能力

作为学术的基本特征，交流被誉为"学术的生命线"。交流对于学术的重要性正如血液对于人体一样，如果"血液"不流动了，"学术"的生命也就终结了。从宏观而言，交流能够促使学者逼近真理、促成学术创新并凝聚学术同行①。从现实层面来讲，学者应该具有灵活的沟通能力，这不仅有助于自身学术水平的提升同时也有助于负面情绪的疏解。

陆九渊曾就"读书"与朱熹有过一段争论。朱熹认为学习就是读书，陆九渊反问道，世间无书时，又如何学习？今天的很多学者，仍将知识等同于读书，采取"闭门造车"式的研究方式。我们不可否认，独立性是学术研究的主要特征，但是"两耳不闻窗外事，一心只读圣贤书"的"书斋式"学术研究方式已经不能满足当今社会发展的需要。也许能在前人理论成果的基础上创作出所谓的"鸿篇巨制"，能够构建出一个理论上也许无懈可击的"学术系统"，但是，这样的"鸿篇巨制"和"学术系统"究竟能否经得起实践的检验？能否为现实生活提供理论指导？这恐怕不能不让人疑窦丛生②。为此，研究者应向他人虚心请教。对于那些学术水平在自己之上的师长，我们要向他们讨教研究方法，请他们对自己的研究予以指正。一些研究新手可能怯于与学术大师进行交流，但是学富五车的大师剥去外界给予的光环，往往平易近人且乐于为年轻人指点迷津。青年学者可

---

① AEIC 学术交流资讯中心. 为什么论交流是学术的生命线？［EB/OL］. AEIC, 2018-10-11.

② 肖国忠. 学术研究不应"闭门造车"［EB/OL］. 光明网, 2006-06-21.

以通过参加学术会议、聆听学术报告，从而丰富自己的学术人脉。在日常的学习过程中，与导师的沟通可能是更为直接和实际的学习方式。做好充足的资料准备、整理出清晰的问题并秉持谦卑的态度无疑能够促成师生间的有效沟通。学术请教的对象同样也包括那些与自己水平相当甚至不及自己的同伴。正如"不识庐山真面目，只缘身在此山中"这句古诗所示，有时我们陷入课题泥潭中，纠结于研究细枝末节而难以自拔。这时找到同专业甚至非本专业的同伴对自己的研究进行评价往往能够发现问题。或许每个人的研究方向有所差异，但是研究的方法、模式都可互相借鉴。同伴互评、互改，尤其是跨专业的思想碰撞往往能够产生意想不到的效果。

此外，灵活的沟通能力也有助于疏解学者的不良情绪。以研究生群体为例，作为同龄人中的佼佼者，他们被寄予了来自社会、学校和家庭较高的期望。但是近些年来频发的心理健康问题也让我们意识到了这一群体也在承受着来自科研和学业、经济、就业、人际交往、情感和家庭等多方面压力。当我们面临压力的时候一定要想办法缓解，可以选择辅导员、导师或同学进行倾诉，不仅能够获得社会支持，还能够在他们的指导和帮助下正确评估自己的实力，加强对自己的认知，通过认知系统和社会支持系统共同消解压力①。

（四）坚实的语言能力

学术研究是一个对他人研究进行理解、并自己组织语言进行表述的过程。无论理解还是表述，都离不开语言的参与，因此坚实的语言能力也是研究者必备的能力之一。但是需要注意，我们所关注的语言并非日常所使用的自然语言，而是学术语言。前者的实质是一种意象链接思维，具有明显的感情特征，因此是文学语言的主体；而后者则表明逻辑理性的思维过程，需要遵从价值中立的原则②。也就是说一个能写出优秀文学作品的人

① 宋晓东，黄婷婷，景怡．研究生心理压力调查报告——以北京某985高校研究生为例［J］．中国青年社会科学，2019（3）：74-82.

② 黎志敏．学术语言基本规范的理论研究［J］．学术界，2009（4）：63-70.

并不一定擅长写出一篇合格的学术论文。具体来说，论文写作所使用的语言应具有以下三个方面特征：专业性、准确性、简明性。

专业性：专业性就是指学术论文写作应该表述专业，说"行话"。在一定时期使用同一语言或同一语言变体的社会群体，通常就是一个语言社团。学术研究相同领域的学者就构成了一个学术共同体，彼此间通行的语言就是"行话"。这就需要研究者扎实掌握自己研究领域的概念和术语，模仿其语言风格，做到能够正确、准确对其进行应用。

准确性：准确性就是指学术研究、探讨的内容准确、思维严密、推理合乎逻辑。因此，在撰写学术论文的过程中应该中立地阐述知识和理论，做到不夸大也不缩小，不溢美也不彰恶；结构上应该保持严谨，不特立独行、标新立异；在用词上要精准、明快、庄重，尽量避免使用带有形象和感情色彩的词汇，同时避免歧义①。

简明性：简明性就是指文章所传达的思想能够被理解。无论文学作品还是学术著作，其写作的最基本目的都在于传达思想，让人读懂。尽管读者对象有所差别，但是学术论文的写作同样应该做到言简意赅、深入浅出。当前学术界存在一个不好的风向，即由拗口、生僻、晦涩字眼堆砌而成的论文就是深奥的、有水平的。但是恰恰相反，因为只有把一个抽象的理念用简洁的话语进行表述才能真正彰显出一个人的学术功底。

（五）熟练的技术能力

在当今飞速发展的信息化社会中，技术，尤其是现代技术已经渗透到人类生存的各个方面，不仅构成了人的"生活世界"而且已然拓展成为一个"技术的社会"。技术领域的每一次创新不仅反映着人对自然实践能力的飞跃，同样也预示着人类知识水平的根本性突破。在学术研究领域，技术化时代同样对研究者提出了新的要求，即熟练掌握技术手段，具体来说可以分为以下三类：

---

① 陈妙云. 学术论文写作［M］. 广州：广东人民出版社，1998：102.

通用技术能力：当前论文写作与资料搜集已经基本实现了完全电子化，这就意味着研究者需要能够熟练使用计算机、打印机、扫描仪等电子设备。在计算机使用方面，要熟悉各硬件的性能与使用方式，在软件方面要熟悉系统的操作以及办公软件的基本功能和操作。以 Microsoft Word 为例，是否会插入页眉、页脚？是否会使用修订模式并进行批注？是否会自动生成目录？是否会插入脚注并转换成尾注？通用技术能力的熟练程度直接影响论文写作的效率与呈现质量，需要在平时多学习、多积累、多实践。

特殊技术能力：当前的人文社会科学研究也呈现出实证化倾向的趋势。对翻译研究而言，语料库、翻译技术等技术手段能够更好地辅助呈现研究结果，并使之更加可视化、科学化。以语料库的建立为例，如何将纸质文本撰写成电子文本？如何对撰写成的文本进行清洗？如何将文本进行对齐？如何合理的标注？这些都是研究者需要掌握的特殊技术能力。

信息检索能力：在当今信息爆炸的时代，在海量知识中如何快速、准确、全面地获取到自己所需要的信息变得尤为重要。继智商（Intelligence Quotient，IQ）、情商（Emotion Quotient，EQ）之后，学者们提出了搜商（Search Quotient，SQ）的概念，即人类采用搜寻的手段来索取所需要的信息和知识的能力①。这就要求研究者需要熟练使用通用搜索引擎和专业搜索引擎来获取所需资源。如需要对某一特定话题展开国内外文献综述，你该使用哪些专业搜索引擎来获取相关发文信息？再如，你急需一本专业著作，而你所在的学校图书馆并没有纸质版馆藏，你该如何以合法渠道获得该书的电子版本或进行文献传递？这些能力的获取需要研究者在每日的学习中细心观察、勤于求教，同时还应与师长、同学多交流，多切磋，相互分享研究经验。

---

① 于新国．搜商六因素公式及其相关研究［J］．科技文献信息管理，2015（3）：18-22.

第二章

翻译研究论文的类型

学术论文是一个大的范畴，我们可以依照不同标准进一步对其进行区分：从学科属性层面来说，学术论文可分为社会科学论文和自然科学论文两类；从研究类型层面来说，学术论文可分为基础研究论文和应用研究论文两类。本章将从发表目的层面，对翻译研究学术论文做出期刊论文和学位论文两类区分，并依次详述两类不同类型论文的写作特点。

一、小论文——期刊论文

因篇幅较小，所以期刊论文也常被称之为"小论文"。小论文刊发的载体是学术期刊（详见第四章）。

从篇幅上来说，国内的人文社会科学期刊通常有严格的版面规定，换算成字数，文章长度应控制在 6000~8000 字这一区间，少数刊物也欢迎万字以上的长文。

从发表目的上而言，小论文的撰写是对自己阶段性研究成果的总结，是职称评定、项目结项的重要依据，同时也是成果展示和交流的重要方式。

从类型上说，小论文主要涵盖五类，它们分别是：论述型学术论文、实证型学术论文、综述型学术论文、书评型学术论文、访谈型学术论文。

（一）论述型学术论文

论述型是最为常见的一种学术论文类型，即作者通过观察、研究和总结，发现一个问题，并通过对这一问题进行分析，或是提出问题解决对策，或是指出这一问题生成的原因，抑或是对已有理论进行扩充和修正。

这类论文首先要确保问题提出的合理性、科学性、实用性和可行性；其次要通过严密的逻辑论证进行阐明，需要对各方观点给出公正评断；再次要确保论据前后关联、与主题紧密联系；最后要确保结论的原创性特质。

1. 论述型学术论文的要素构成

这类论文在结构布局上一般具有以下六个要素：

◇引言：指明问题研究的背景

◇文献综述：对采用理论进行概述或梳理研究问题的当前学术争论

◇问题分析：探讨研究问题的表现形式、造成影响等

◇原因探析：聚焦问题生成机制

◇对策引导：给出合理化的建议

◇结语：总结并展望

我们可以通过以下两篇论文的摘要和结构对论证型学术论文的写作模式进一步予以明确。

例1①：

摘要：在日趋成熟的人工智能技术驱使下，机器翻译实现了多次研发范式转换，并在翻译速度、译文质量、覆盖语种以及知识获取等方面取得了可喜的成绩。但与此同时，这一技术的研发在当下呈现出工程学与语言学相分离的态势，并面临诸多障碍需要解决。为此，文章首先梳理了机器翻译技术的发展脉络并指出其技术困境的外在表征；其次指出当前技术问题的实质在于无法对语言哲学中的"语义问题"和"语用问题"进行合理解答；最后建议未来的机器翻译研发不仅需要明确机器翻译的技术局限与技术优势，同时还需加强包括哲学、认知科学、语言学与计算机科学在内的学科联动，从而促进机器翻译技术的突破性进展。

在这篇文章中，作者的研究问题聚焦于机器翻译技术面临的技术困境，并将其置于哲学的大背景下力图得到解答。文章指出了机器翻译技术

---

① 李晗佶　陈海庆. 机器翻译技术困境的哲学反思［J］. 大连理工大学学报（社会科学版），2020，41（6）：122-128.

困境的外在表征，随后分析了问题成因，最后为机器翻译技术的未来发展提出了建议。文章遵循了发现问题、分析问题、解决问题的步骤。

例2①：

摘要：认知语言学家福科尼耶（Fauconnier）和特纳（Turner）提出的"概念整合理论"（CBT）强调新创结构能生成原输入空间所没有的要素，为批判"句义为词义之和的组合论"提供了坚实的理论基础，也可解释翻译为何具有创造性。当前翻译研究的重心已从结果转向过程，若仅用CBT来解释翻译过程已显不足，为此本文提出三点修补：①强调两个输入空间在映射入融合空间时权重的不平衡；②详述诸空间中要素之间的对应与空缺问题；③在CBT基础上提出"概念整合链"。据此可将翻译过程描述为"连续性整合运作"，以利于更好地揭示翻译过程中的体认运作机制，可进一步丰富翻译学的研究内容和可操作性。

这篇文章首先指出翻译过程以及成了当前学术研究的主流。在这种大背景之下，对CBT进行了简要概述，并在此基础上提出了三点修补意见。同样遵循着发现问题、分析问题、解决问题的步骤。

2. 论述型学术论文的注意事项

论述型学术论文需要注意的是研究一定要"有感而发"，不要"为了研究而研究"。当前的很多翻译研究论文仅是简单地将一个翻译理论运用到了一个文本的分析之上，且认为没有人分析过的文本，或是没有人用这个理论分析过这个文本就是创新点。如笔者在硕士研究生期间发表的论文《翻译伦理视域下<金大班的最后一夜>英译本的五维解读》就犯了这个错误。笔者当时阅读了很多翻译伦理方面的文献，发现这是一个值得探讨的新领域。同时在图书馆偶然发现了白先勇先生自译的《台北人》纸本。于是萌发了从翻译伦理学角度对该书中《金大班的最后一夜》进行解读的想法。虽然借鉴了切斯特曼（chesterman）的翻译伦理理论，且结合例证展

---

① 王寅. 概念整合理论的修补与翻译的体认过程研究［J］. 外语教学与研究，2020，52（5）：749-760，801.

开了详尽的分析，但是文章也仅仅止步于分析层面，没有总结出问题，也没有提出一般性结论，更没有产生新的学术价值。

（二）实证型学术论文

实证型学术论文需要通过论证的方法对假设进行求证，随后得出肯定或否定的结论。它是基于观察和试验首先取得的大量数据，其次利用统计对取得数据进行归纳总结，并经过严格的检验，最后引进数量模型，对社会现象进行数量分析的一种方法。其目的在于揭示各种社会现象的本质联系。相比规范研究方法，实证研究方法主要进行定量分析，以数据说话，使其对社会问题的研究更精确、更科学①。

1. 实证型学术论文的要素构成

这类论文在结构布局上通常具有以下六个要素：

◇引言

◇研究背景或理论基础：综述前人研究并形成研究框架

◇研究方法与研究过程：介绍研究所采用的工具、方法，并描述研究步骤

◇研究结果：总结、归纳数据

◇讨论：针对研究所得数据进行分析，并得出研究结论

◇结语

实证研究原本是自然科学或是社会科学的主要研究方法，那么翻译这门人文科学也同样适用吗？蓝红军就这个问题进行探讨，他指出在"科研信息化"和"社会科学研究信息化"的影响下，"翻译研究信息化"应运而生。这就意味着翻译研究对象、翻译研究方法都会随之发生变化。首先，计算语言学和语料库等技术已成为翻译语言搭配和译者风格研究的常用方法；其次，跨地域协作和跨学科合作也将动态脑电图（EEG）、事件相关电位（ERP）、功能性磁共振成像（FMRI）、正电子发射计算机断层

---

① 陈工孟. 实证研究指南［M］. 北京：经济管理出版社，2014：3.

扫描（PET）等技术引入到了对译者翻译过程中脑部活动的探究过程中；最后，借助网络和软件，使传统的调研方法得到了丰富，不仅突破了时空的界限，同时还大大提升了数据的精准度①。苗菊和刘艳春将翻译实证研究类型主要分为两类，即译作实证研究和过程实证研究。前者主要利用语料库的研究方法描述译作及其功能、研究翻译规律、探讨研究已经形成的翻译准则和各类假设；后者通过观察、描述、分析译者在进行文本语言转换时心理认知活动的动态变化②。从研究方法角度，曹佩升和刘绍龙将翻译实证研究方法进行了区分，其中描述性研究包括语料库法、个案研究法、文献计量法、观察法、访谈法等；而实验性研究则涵盖测试法、问卷调查法、评定法、ERP、FMRI 等③。

为了更好地了解实证型学术论文的特征，我们将分别对描述性研究和实验性研究进行举例说明。

例 3④：语料库实证研究法

摘要：本文借助双语平行语料库，以《骆驼祥子》三个英译本为考察对象，探究汉英小说翻译中不同译者对汉语小说中"两可型"叙述话语的处理。研究表明：与英语原创小说相比，翻译小说基本遵循原创小说的话语叙述模式。"两可型"叙述话语英译时，英语本族语译者偏好将读者直接置于小说人物心理当中，而中国译者偏好选择第三人称过去时形式，拉开了读者和小说人物的距离，这一初步结论还需要借助语料库在更多文本中验证。

---

① 蓝红军. 翻译研究信息化：新时期翻译研究的发展与挑战 [J]. 语言与翻译, 2017 (1)：52-57, 68.
② 苗菊, 刘艳春. 翻译实证研究——理论、方法与发展 [J]. 中国外语, 2010 (6)：92-97.
③ 曹佩升, 刘绍龙. 翻译实证研究方法体系建构 [J]. 甘肃社会科学, 2011 (1)：252-255.
④ 黄立波.《骆驼祥子》三个英译本中叙述话语的翻译——译者风格的语料库考察 [J]. 解放军外国语学院学报, 2014, 37 (1)：72-80, 99.

例4①：问卷调查法

摘要：大数据时代，翻译技术的迅猛发展对翻译行业和翻译教育产生了巨大影响，翻译技术教学成为翻译教育体系中的重要内容。MTI教育经历过去十年的快速发展，翻译技术教学存在哪些问题？本文通过问卷和访谈对全国249所MTI院校的翻译技术教学现状进行调研。结果表明，在当前的翻译技术教学中存在着翻译技术教学意识薄弱、课程体系缺失、教学资源匮乏、专业师资欠缺等诸多问题。本文针对上述问题提出建议和对策，旨在为MTI教育发展提供借鉴和参考。

例5②：测试法

摘要：工作记忆一直是口译研究及口译训练所关注的主要内容，但由于工作记忆和口译本身的复杂性，两者之间的关系一直没有得到很好的研究。本文对大学英语专业接受口译训练的学生及相应的对照组学生进行了纵向跟踪研究，同时探讨两个问题：口译训练能否增强工作记忆？工作记忆能否预测口译训练绩效？两组被试在实验前进行了严格的匹配，共测试了五项工作记忆（英语听力广度、数字广度、字母活动广度、空间广度、工作记忆更新能力）。前、后测试的结果显示：①与对照组相比，初级阶段的口译训练没有给口译组带来额外的工作记忆优势；②训练前及训练后的二语听力广度及工作记忆更新能力显著预测了训练后的口译绩效。这些发现有助于我们了解工作记忆在初级阶段口译活动中的工作机制，并为下一步的研究提供具体的研究方向。

例6③：实验法

摘要：虽然从认知神经心理学的视角已有研究发现（如Dehaene，van

---

① 王华树，李德凤，李丽青．翻译专业硕士（MTI）翻译技术教学研究：问题与对策［J］．外语电化教学，2018（3）：76-82，94.
② 刘玉花，董燕萍．初级阶段口译活动与工作记忆关系的纵向研究［J］．外国语（上海外国语大学学报），2020，43（1）：112-121.
③ 康志峰．口译行为的ERP证据：认知控制与冲突适应［J］．中国外语，2017，14（4）：92-102.

Gaal，Kiesel 等）认知神经机制诸如抑制控制和任务转换等认知控制功能独立于意识，但对冲突适应是否需要意识的参与众说纷纭，争执不休。为探究这一问题，本研究从口译认知心理学的视角，记录了30名受试学生译员在完成箭头偏对比掩蔽任务（metacontrast masking task）时的口译行为和脑电数据。实验结果：在有意识和无意识条件下受试学生译员对 SL 信息刺激在反应时和额中 N2 和中顶 P3 波幅上均凸显了冲突适应效应。结果表明：①学生译员对 SL 常用词的信息处理无须或几乎无须意识的参与，处于零意识或低意识态势，而对 SL 生僻词句的信息处理不仅需要意识的参与，而且处于高度紧张的意识态势；②学生译员对 SL 信息处理的冲突控制独立于意识；③以前无意识经验对口译信息加工系统具有适应性调节作用。本研究不仅突显领悟口译信息认知控制和意识的本质意义，而且彰显建构认知对口译信息控制与意识关系理论的启示作用。

2. 实证型学术论文的注意事项

（1）研究方法应具有科学性

鉴于其提供数据的直观性与严密性，实证型研究弥补了传统翻译研究中主观性强、难以定性的很多不足，因此受到了学术界的青睐。但是我们需要明确，实证型研究只是研究的手段而非研究的目的，我们不要为了实证而实证，需要让实证型研究填补规范型研究所不能涉及的空白。同时在实验设计上要科学合理，样本的来源是否可靠？样本或被试的数量是否充足？实验中因变量和自变量之间的关系是否明显？只有在考虑到上述问题，并周密设计实验步骤的基础上，研究结论的准确性才能够得到保证。

（2）实证数据应具有真实性

实证型研究的特点就是用数据说话。但是往往在研究过程之中，或是由于实验设计的缺陷，或是由于人文学科问题的复杂性，实验的结果有时与最初的设想有所偏差。或许某些研究者为了不让自己的辛勤劳动付诸东流，便伪造、改造数据以符合自己的预期。这是一种不符合学术伦理的行为。做学问要实事求是，要尊重原始实验数据的真实性。在诚实研究的前提下，对具体实验结果的分析、理解有偏差甚至错误是很常见的，这是科学发展的正常过程。这恰恰说明你的研究还存在提升空间，需要进一步完善。进行实证研究的过程中要时刻注意数据走向，遇到问题及时调整方向；同时还应对实验的一切原始数据进行留存，以备解释说明。

（三）综述型学术论文

综述型学术论文又常被称之为"文献综述"，是指在确定选题后，在对选题所涉及的研究领域的文献进行广泛阅读和理解的基础上，对该研究领域的研究现状（包括主要学术观点、前人研究成果和研究水平、争论焦点、存在的问题及可能的原因等）、新水平、新动态、新技术和新发现、发展前景等内容进行综合分析、归纳整理和评论，并提出自己的见解和研究思路的文体①。文献综述主要有三种存在形式：①课题论证或学位论文中的必要章节；②论述型、实证型研究论文中的必要部分；③单独成文的综述型学术论文。在本节，我们将着重聚焦于最后一种，但是所提出的原则同样适用于前两种综述类型（即以其为原型，进行扩展和缩节）。

一篇好的综述型学术论文可以让读者快速掌握学术前沿，清楚前人已经做了哪些工作，还有哪些工作可做，以便让研究者不走弯路、不做重复无用的工作。

1. 综述型学术论文的要素构成

综述型学术论文通常包括以下五个部分：

◇引言

◇综述主体：以合理的结构归纳当前研究现状

◇问题指出

◇问题解决或展望

◇结语

---

① 韩映雄，马扶风．文献综述及其撰写［J］．出版与印刷，2017（1）：64-69.

例 6①：

本文对翻译社会学发展近二十年来的国内外文献进行了统计分析，将文献归为理论探索、案例研究和综述评介三类，在此基础上梳理翻译社会学的理论发展脉络。从横向纵向两条线索出发，分析研究现状，发现翻译社会学的理论探索以国外为先导，国内研究重在引介，且在案例研究中尚存概念误读和研究方法运用失当的情况。本文还指出，翻译社会学的研究应不断追本溯源，透彻把握理论，正确运用可行的研究方法，进而阐发对翻译社会学未来研究的思考。

在例 6 这篇文章中，作者对国内的翻译社会学进行了综述。作者将文献的来源时间限定为近二十年，同时对相关文献进行了合理分类。通过论述，作者向读者展现了该领域目前的研究现状，同时还指出了存在的问题并给出了解决对策。

综述型学术论文按照选材来源，可以分为三种：

国内研究综述能够让读者快速了解国内该课题的研究趋势，资料获取方式较为简便；

国外研究综述能够让读者快速了解国外该课题的研究动态，但资料获取方式较为复杂；

国内外研究对比综述，这类综述的意义较大，不仅可以通过差异指导国内的研究，同时还可对外介绍国内的研究成果。

从研究方法上来说，当前的综述型学术论文呈现出可视化和计量化的趋势。越来越多的作者选用 CiteSpace 等分析工具，对人工难以处理的数据进行分析且通过分析生成直观的研究趋势，并对未来研究热点进行预测，如例 7 所示。

---

① 邢杰，陈颢琛，程曦. 翻译社会学研究二十年：溯源与展望［J］. 中国翻译，2016，37（4）：14-20，127.

例7①：

本文以中国知网收录的 CSSCI 和中文核心来源期刊在 2007—2016 年区间内所刊载的"机器翻译"研究论文为数据来源，并根据期刊性质分为语言学类和计算机科学类两种类型。借助 CiteSpace 绘制了两类期刊所刊载的国内机器翻译研究的动态科学知识图谱，并分别从研究趋势、主要研究机构和研究者、研究热点等方面进行了详尽的分析。研究发现，两类期刊所刊发的论文研究热点有所区别，语言学界更加关注"计算机辅助翻译"领域，意在利用机器翻译帮助人工翻译，并利用这一技术进行翻译教学；而计算机科学界则更加注重如何改进机器翻译，从而获得更加准确的译文并使得用户获得更好的使用体验。

2. 综述型学术论文的注意事项

（1）全面掌握一手资料

综述型学术论文是综合性和代表性的结合。综合性就是指作者需要全面掌握该领域的一手资料，可以用来描绘该领域的总体发展趋势。而代表性则指需要找出"三最"研究，即最权威、最经典和最新来论述该领域的关键问题。这里需要注意资料的来源渠道一定要正规、合法。同时在搜集的过程中，如发现体量过大，则可以限制资料的出版年份（如 2010—2019年），抑或是文献来源（如 CSSCI 来源期刊）。

（2）避免"综"而不"述"

新手研究者最容易犯的错误就是简单地将搜集到的材料进行罗列，如×××指出、×××表示等。造成这种现象的原因或是作者对该领域了解不深，或是没有对搜集材料进行自己整理。尽管不同于研究型学术论文，综述型学术论文重在"综"，但也不能只"综"不"述"。作者需要结合自己对该领域掌握的知识对列出文献进行评述，指明存在问题，并进行展望。

---

① 李晗佶，陈海庆. 国内机器翻译研究动态科学知识图谱分析（2007—2016）——基于语言学类与计算机科学类期刊的词频对比统计［J］. 西安外国语大学学报，2018，26（2）：99-104.

（3）合理安排材料序列

常见的综述型学术论文材料归纳模式为以下 3 种，即年代序列式，以理论、观点的发展时间为线索；学派发展式，以研究范式、学术视角为脉络；货架问题式，自己归为几大方面。能否以合理的结构安排材料实则是对研究了解程度的检测。

（4）公正评价他人研究

有些作者往往为了突出自己研究的重要性，而言之凿凿地认定自己把握了该领域学术走向，站在了学术最前沿，"填补了学术空白"。作者在撰写综述型学术论文是要时刻秉持公正的立场，不仅体现在评论他人成果层面，同样也表现在材料选择搜集方面，不能因为有些论断与自己相左就"视而不见"。

（四）书评型学术论文

书评型学术论文是指作者按照一定的研究目的，对某本学术著作进行介绍，并结合该领域的研究现状进行评述的文体。陈志强指出，图书（书评的对象）、评论（书评的目的）与论证（书评的过程）是书评的三大要素①。师曾志归纳出了书评应具有的本质特征，即内容上的评论性、认识上的独到性、创作上的学术性、功能上的传播性等四点；他同时还表明了书评产生的功能，指导读者购书、阅读，促进学术文化发展，提高出版物质量和扩大出版物销售等②。

1. 书评型学术论文的要素构成

通常来说，书评型学术论文一般具有以下结构：

◇引言

◇图书介绍：图书、作者、出版社等基本信息，图书的主要内容（可以章节介绍，也可自己归纳划分主题）

◇图书评价：结合该领域研究现状指出该著作的优点与不足

---

① 陈志强．书评概论之二——书评的界定［J］．中国图书评论，1991（5）：108-110.

② 师曾志．书评的本质与功能［J］．图书馆论坛，1997（2）：68-69，76.

◇结语

关于翻译书评，国内学者刘金龙先生在近些年展开了专门研究。他认为，翻译书评是指对一切译学图书的内容与形式进行评论的一种翻译批评和翻译研究活动。他同时还用生动的比喻表明了翻译书评的作用，即内容净化译学图书出版的筛子、镜鉴译学发展进程的镜子、推动译学理论发展的轮子①。

2. 书评型学术论文的注意事项

（1）作者应注意评介著作的选择

翻译书评的对象应该是作者有一定声望、出版社有一定权威、观点有一定创新的高水平的学术著作，因此在选择过程中要注意筛选。同时还要注意书评的时效性，应多关注新出版的著作，并在着笔前查证是否有学者已经做了相关工作。当然就经典著作，独辟蹊径发表新的见解也不失为对学术研究的贡献。

（2）作者立公正评价著作优劣

在书评型学术论文的撰写过程中要警惕两种倾向：不能因学术利益过分吹捧，不能因为与自己立场相左就大加指摘。这需要作者对评论领域具有较为深刻的理解，对研究现状、发展趋势有较为宏观的把握。在此基础上作者再进行公正、客观、恰如其分的评价。

（3）作者应注意此类论文的写作模式、发表渠道等问题

国外很多学术期刊通常是学术论文（Article）和书评（Book Review）平分秋色，甚至书评篇幅的占比要多于学术论文。国内目前尚未设立完善的书评评价体系。以外国语言文学类学术期刊为例，很多并未设立书评栏目，即使设立，发文量也很小。设有书评栏目的期刊对于书评型学术论文的字数要求多为 5000~7000 字，但是在摘要和关键词是否需要上则要求各异。因此，作者在撰写书评型学术论文前应了解目标期刊是否接受此类论

① 刘金龙. 翻译书评的文化功能［J］. 中国科技翻译，2017（4）：54-57.

文，并明确写作规范；或可弱化文章的书评特征，以评论著作为主，变书评型学术论文为论述型学术论文。

（五）访谈型学术论文

作为一种比较特殊的形式，访谈型学术论文对学术研究，尤其是翻译研究起到了重要的补充作用。有益于近些年逐渐频繁的国内外翻译学术会议、讲座，青年学者有了更多与专家或知名学者面对面交流的机会。此时，以访谈形式记录交流的内容并将其整理、发表，有助于形成更广泛的学术影响。访谈作为一种学术文体，具有简洁性、时效性和前瞻性等特征。殷海红通过分析发现，我国的翻译类访谈论文发表数量成逐年上升的趋势（如《中国翻译》就常设"学术访谈"栏目），同时访谈更具学术目的性和明晰的访谈视角，使访谈所涉领域、对象和内容更加多样化①。

1. 访谈型学术论文的类型

大致来讲，按照受访者的身份，可以做出翻译研究学者访谈和翻译实践译者访谈两类区分。

对翻译研究领域知名的学者，尤其是国外专家进行访谈，我们可以更具体的了解到其翻译思想，并可就一些新的研究热点、翻译现象向其进行咨询。如在《吉尔谈口译与教学》一文中，口译研究专家吉尔（Daniel Gile）对其翻译理论及模型与口译教学的关系、其口译理论自评以及学者广泛关注的其他口译教学问题访谈对象的选择等问题进行了解答。他解释道，认知负荷模型理论是一种看待口译过程的方式，提出这一理论的初衷是为教师在给学生提出实用性建议时提供方便解释和说明的工具而非理论。吉尔认为口译学习极为复杂，甚至比学习一项运动还要复杂。由此，他赞同译员的终身"学习"②。再如，在《新世纪的功能翻译理论——克里斯蒂安·诺德教授访谈录》一文中，诺德（Christiane Nord）通过解释

① 殷海红. 国内翻译类访谈综述：2009—2018 ［J］. 上海理工大学学报（社会科学版），2020（3）：215-219, 237.

② 雷中华. 吉尔谈口译与教学 ［J］. 中国翻译，2018（6）：61-65.

功能翻译理论的发生与发展、功能翻译理论在翻译实践及译者培训中的应用，以此澄清了学界对功能翻译理论存在的误读①。

　　对翻译家进行访谈，能够让我们脱离译本语境，更为全面立体地了解译者的翻译观，从而深化对翻译行为以及译作的理解。如在《翻译与变异——与葛浩文教授的交谈及关于翻译与变异的思考》一文中，被誉为西方首席汉语文学翻译家的葛浩文（Howard Goldblatt）表明，文学作品翻译需要译者根据目的语文化的变化而进行适当的语言变异，只有遵循变异的路径，符合目的语国家的语言、文化和读者的口味，一国的文学作品翻译才能够真正融入目的语国家②。葛浩文的译论为他的翻译事实以及翻译行为提供了直观解释。再如《中国文学的海外传播：译者主体视角——汉学家、翻译家蓝诗玲访谈录》中，汉学家、翻译家蓝诗玲（J. Lovell）结合自身翻译实践，从译者主体视角就中国文学海外传播中的翻译作品、翻译策略、翻译模式以及出版发行商的选择等问题提出了自己的观点③。这不仅为中国文学的对外译介研究提供了宝贵的一手资料，同时也能够直接指导未来的翻译实践。

　　2. 访谈型学术论文的注意事项

　　（1）访谈对象的选择

　　毋庸置疑，无论何种类型的访谈，访谈对象都应该选择那些具有很高声望、影响广泛的翻译理论家或翻译实践家，尤其是那些大家只闻其理论或译作却鲜见其人的对象更具有价值。受访对象与访谈人之间也应具有一定的交往基础，只有建立在熟识基础上的对话才能够让双方卸下防备、充分交流。

---

① 田璐，赵军峰. 新世纪的功能翻译理论——克里斯蒂安·诺德教授访谈录［J］. 中国翻译，2018（4）：86-90.

② 曹顺庆，王苗苗. 翻译与变异——与葛浩文教授的交谈及关于翻译与变异的思考［J］. 清华大学学报（哲学社会科学版），2015（1）：124-128，183.

③ 张汨. 中国文学的海外传播：译者主体视角——汉学家、翻译家蓝诗玲访谈录［J］. 外语学刊，2019（1）：110-115.

（2）访谈内容的确定

访谈是两人之间的对话，但是不同于日常的闲聊，学术访谈是具有目的性、结构性和方向性的沟通。这就需要采访人要事先做好详细功课，列出采访提纲，预设对方回答。在采访过程中要做一名合格的"聆听者"，但是也应适时打断，引导受访者的话语导向，从而实现采访内容的连贯性与完整性。

（3）访谈署名的商榷

对话需要采访人和受访者双方共同完成。但是通过分析当前国内的访谈型论文作者署名，笔者发现分为以下三种类型：只署名采访人；共同署名，采访人在先，受访人在后；共同署名，受访人在先，采访人在后。以上三种署名方式似乎各有理由，但也都存在问题。毕竟在准备、整理、发表采访的整个过程中，采访人付出了大量的努力，但是文章关注的对象、观点的提出都来自受访人。因此，理想的署名方式应该是共同署名，具体谁前谁后可具体问题具体分析。此外，笔者还建议应该在文末对文稿整理、采访统筹、摄像或录音等其他工作的完成者进行署名感谢。

二、大论文——学位论文

（一）学位论文的定义

如果说期刊论文是对一名学者研究做出的"形成性评价"，那么学位论文则可称之为"终结性评价"。学位论文，又被称之为"毕业论文"。学位论文是高等院校毕业生提交的一份有一定学术价值的文章，是完成学业的标志，是从事科学研究的初步尝试，是在教师指导下所取得的科研成果的文字记录，也是检验掌握知识程度、分析问题和解决问题基本能力的一份综合答卷①。

（二）学位论文的分类

按照申请学位等级不同，学位论文可以分为学士学位论文、硕士学位论

---

① 李正栓. 英语写作：毕业论文写作［M］. 北京：北京大学出版社，2015：2.

文和博士学位论文三类。之所以被称之为"大论文"是因为其篇幅比期刊论文要长很多，不同层次的学位论文在字数要求和写作标准上也有很大区别。为此，我们可以以北京外国语大学 3 个层次学位论文的撰写要求为参照。

◇学士学位论文：用英语撰写，正文字数不少于 5000 单词，不超过 10 000 单词。

◇硕士学位论文：（翻译学方向 MA）用英文撰写，长度为至少 15 000 单词。

◇博士学位论文：中文或英文撰写，字数为 10 万~15 万字或 6 万~8 万词。

在《中华人民共和国学位条例》中，也明确规定了授予不同学位的条件①：

第四条：高等学校本科毕业生，成绩优良，达到下述学术水平者，授予学士学位：

（一）较好地掌握本门学科的基础理论、专门知识和基本技能；

（二）具有从事科学研究工作或担负专门技术工作的初步能力。

第五条：高等学校和科学研究机构的研究生，或具有研究生毕业同等学力的人员，通过硕士学位的课程考试和论文答辩，成绩合格，达到下述学术水平者，授予硕士学位：

（一）在本门学科上掌握坚实的基础理论和系统的专门知识；

（二）具有从事科学研究工作或独立担负专门技术工作的能力。

第六条：高等学校和科学研究机构的研究生，或具有研究生毕业同等学力的人员，通过博士学位的课程考试和论文答辩，成绩合格，达到下述学术水平者，授予博士学位：

（一）在本门学科上掌握坚实宽广的基础理论和系统深入的专门知识；

（二）具有独立从事科学研究工作的能力；

---

① 中华人民共和国学位条例［EB/OL］．中华人民共和国中央人民政府，2005-05-25.

（三）在科学或专门技术上做出创造性的成果。

清华大学当代国际关系学院院长阎学通教授，以"兔子理论"为引子，较为全面地从学习、分析、研究方法等方面详细阐述了本科、硕士和博士阶段的学习有什么不同①。

本科生：学习捡"死"兔子。本科及以前所学知识都是别人已经发现、并经过了反复验证的知识，是固定、稳定的，属于"死兔子"。此阶段的学习训练只是学会找到一条比较便捷的路径把已经死在那里的"兔子"拿回来。

硕士生：学习打一只在视野中奔跑的活兔子。这只兔子在哪里？需要导师指给你，或者需要导师和学生一起来确定其位置。导师在"指兔子"的同时还应该告诉学生瞄准并射死兔子的本领。硕士生需要遵从自导师处学来的方法和技术，去把这只尚在活动中的兔子打死，然后再通过以往已经具备的方法把兔子擒在手中。

博士生：学习打一只看不到的活兔子。此时的兔子也是活的，但可能不在你的视野里跑着，而是在树林里跑——导师可以确认一定有这只兔子存在，可是，需要你先从树林里把这只兔子撵出来，判断是否值得去猎取，再用更高级的猎取技术去射击并沿用原有方法将兔子取在手中。

三个阶段的论文在研究原则上没有什么区别，同样都遵循发现问题、分析问题、解决问题的路径，只不过在研究视角、研究深度、创新程度上有所差异。

（三）翻译研究学位论文及分类

依照上文中学位论文的概念，翻译研究学位论文就是为了获得翻译相关专业学位所撰写的毕业论文，具体适用以下人群：

---

① 本科、硕士和博士的区别：这一篇文章，两组对比图讲的最金、最清楚［EB/OL］．搜狐网，2017-08-17.

学士层次：外语专业翻译方向（BA），翻译专业（BTI）

硕士层次：翻译学方向（MA），翻译硕士（MTI）

博士层次：目前多为翻译学或外国语言文学中翻译方向

目前学术型学位主要的论文形式为翻译研究论文。《翻译硕士学位基本要求》对翻译硕士学位论文形式进行了规定，限定在翻译实习报告、翻译实践报告、翻译实验报告、翻译调研报告和翻译研究论文 5 种①。刘小蓉和文军通过对 12 所 MTI 培养学校 831 篇翻译硕士学位毕业论文选题的分析，发现 MTI 的毕业论文基本以翻译实践报告为主，而其他形式采用的数量几乎可以忽略不计②。鉴于此，本节将主要介绍两类主要的学术论文种类，翻译研究论文和翻译实践报告。

1. 翻译研究论文

为了更为详尽地对翻译研究论文进行解读，笔者将以上海外国语大学 2020 届翻译方向部分硕士学位论文和 2019 届翻译方向部分博士学位论文题目为例，绘制表 1 与表 2。

表 1　2020 届上海外国语大学翻译方向部分硕士学位论文

论文题目	参考理论/视角	研究问题	研究案例
《高兴》英译本及相关副文本中的形象构建研究	副文本	形象构建	《高兴》英译本
从认知翻译角度探析《围城》中隐喻翻译的局限性	认知翻译	隐喻翻译	《围城》英译本
译介学视阈下汉学家马瑞志的译者权衡 ——以其《世说新语》英文全译本为例	译介学	译者权衡（译者主体性）	《世说新语》英译本

---

① 翻译硕士学位基本要求［EB/OL］.全国翻译专业学位研究生教育指导委员会，2018-09-09.

② 刘小蓉，文军.MTI 学位毕业论文调查：现状与对策［J］.外语教学，2016（2）：109-112.

续表

论文题目	参考理论/视角	研究问题	研究案例
批评译学视角下的译者声音研究——以"熊猫丛书"《穆斯林的葬礼》英译本为例	批评译学（翻译批评）	译者声音（译者主体性）	《穆斯林的葬礼》英译本
基于语料库的译者风格研究——以《骆驼祥子》英译本为例	语料库	译者风格	《骆驼祥子》英译本

表 2　2019 届上海外国语大学翻译方向部分博士学位论文

论文题目	参考理论/视角	研究问题	研究案例
茅盾外国文学译介研究	翻译史	人物史梳理	茅盾外国文学译介
基于语料库的《红楼梦》诗词英译研究	语料库	诗词英译	《红楼梦》英译本
《红楼梦》人物对话英语译定量及定性研究	定性与定量法（语料库）	人物对话	《红楼梦》英译本
网络幻想小说英译塑造的中国形象研究——以仙侠小说为例	语料库	中国形象塑造	仙侠小说英译
阿拉伯文学汉译史中的译者主体性研究	翻译史	译者主体性	阿拉伯文学汉译

　　通过上表，我们进行归纳，翻译研究论文需要基于某种理论或视角，对某种翻译现象结合案例进行分析，并对问题提出解决对策。

　　在内部结构方面，姜秋霞和权晓辉在《翻译研究与论文写作——翻译学硕士研究生学位论文写作问题分析》一文中做出了详尽解读，本书也将在第三章进行具体论述。在实际的写作过程中，我们可以参考穆雷等学者总结出的此类论文的写作模板，如表3所示①：

表3　翻译研究类学位论文模板

1. 绪论	论述论文的研究背景、工作定义、研究意义、研究目标、研究假设、研究问题论文框架
2. 文献综述	通过文献综述发现前人研究存在的问题，阐明作者研究的起点
3. 理论框架	在引用前人理论的基础上，形成作者自己的理论分析框架
4. 文本分析（理论研究）或实验过程（数据获得、数据分析等）	反映作者自己研究的主体/重点，可有一节或一章讨论数据分析的结果
5. 结论	与绪论呼应，包括主要研究发现、研究启示与局限和未来研究建议。其中主要研究发现部分一定要讨论是否证实或证伪假设，是否解决了前面提出的问题或答案。一定不要重复描述前面几章的内容
6. 参考文献	
7. 附录	

需要注意的是，不同学校可能对论文结构有更为细致的要求和规范，此结构仅够参考。博士论文可在此基础上就第4部分进一步展开。

2. 翻译实践报告

MTI学位设立的目的就是为了培养翻译应用型人才，但这并不意味着不需要学位论文作为学位授予依据，或论文无须规范。孙三军和任文指出了MTI学位论文选题的五大原则，即立足翻译实践、要有实际意义、要有

---

① 穆雷，邹兵，杨冬敏. 翻译硕士专业学位论文参考模板探讨［J］. 学位与研究生教育，2012（4）：24-30.

一定难度、要有明确的问题意识、要展现一定的翻译理论素养①。《翻译硕士学位基本要求》指出，MTI 学位论文选题应突出实践性，鼓励学生从真实的口译、笔译实践或语言服务实践中寻找选题，可选择一般翻译活动较多的领域，如政治外交、商务、旅游、文学、文献、法律等，也可选择某个特定领域的专业翻译，也可以在语言服务行业中选题，包含翻译、技术、管理等相关方面，也可以选择翻译市场分析、翻译和国家战略的关系、翻译项目管理、翻译技术应用等方面调查或研究。

此类论文选题不宜过大，应与翻译职业和行业的实际需要相结合，突出选题的实际意义和应用价值，鼓励学生走入社会，走入行业，在实践中搜集资料，进行调查，展开分析，并对翻译专业和行业的发展提出新的见解。因此，翻译实践报告就成为很多学校 MTI 学位论文考核的形式。笔译专业学生在导师的指导下选择从未有过译文的文本，译出或译入语言不少于 1 万个汉字，并就翻译过程中遇到的问题写出不少于 5000 个外语单词的分析报告；口译专业学生在导师的指导下对自己承担的口译任务进行描述和分析，其中应包括不少于 1 万个汉字或外语单词的口译录音转写，并就翻译过程中遇到的问题写出不少于 5000 个外语单词的分析报告。为了进一步说明，笔者选取了西安外国语大学 2020 届翻译方向部分硕士毕业论文题目，并制成表 4：

表 4　西安外国语大学 2020 届翻译方向部分硕士毕业论文题目

论文题目
跨境电商外包服务项目交传口译实践报告
翻译等值理论视阈下企业外宣口译实践报告
跨境电商外包服务项目交传口译实践报告

---

① 孙三军，任文．翻译硕士学位论文模式探究［J］．中国翻译，2019（4）：82-90，189.

续表

论文题目
职业教育类 PPT 文本翻译实践报告
《临床试验总结报告》英译实践报告

通过分析上述实践报告题目，我们发现 MTI 的选题集中于非文学翻译领域（也有部分高校笔译方向偏向文学翻译）。同时也并未选取特定理论或视角来指导研究，更加突出对自己亲自参与的口译或笔译实践活动进行分析和反思。针对翻译实践报告的特点，穆雷等学者给出了此类学位论文的写作模板①，如表 5 所示。

表 5 翻译实践报告类学位论文模板

1. 翻译任务描述	1.1 翻译任务背景介绍	
	1.2 任务性质	笔译源语文本的性质和特点（如语言、风格、文化特性等）、口译任务的特点（如领域、时限、使用场合等）
	1.3 委托方要求	完成的形式、期限、质量等
2. 翻译过程描述	2.1 译前准备	翻译人员的确定和分工、翻译辅助工具的准备和术语表的制定、翻译策略的选择、翻译计划的制定、翻译质量控制方案的制定以及突发事件应急预案的拟定
	2.2 翻译过程	翻译计划的执行情况以及突发事件的处理情况
	2.3 译后事项	审校质量控制情况：审校人员的确定、审校工作的具体操作方法（如自我校对、他人校对等）委托方的评价

---

① 穆雷，邹兵，杨冬敏. 翻译硕士专业学位论文参考模板探讨 [J]. 学位与研究生教育，2012（4）：24-30.

续表

3. 翻译案例分析	3.1 翻译实践中出现的问题类型	分析案例应来自翻译任务所涉及的文本，可从中选取有代表性的例子，按照其所代表的问题类型进行分类
	3.2 对翻译问题的理论思考及解决过程	运用一定的翻译理论从翻译策略、翻译技巧等方面对这些问题的解决进行探讨
	3.3 尝试性结论：针对同类问题的翻译对策	归纳出一般性、概括性的结论，提出建设性的翻译对策
4. 翻译实践总结	4.1 翻译实践中未解决的问题及相关思考	
	4.2 对今后学习工作的启发及展望	
5. 参考文献		
6. 附录	附录1：项目翻译源语文本（讲话人音频）及译文本（口译产出音频）	
	附录2：术语表	
	附录3：所使用的翻译辅助工具列表	
	附录4：委托合同	

　　北京外国语大学的李长栓在《如何撰写翻译实践报告：CEA框架、范文及点评》一书中提出了一种新的翻译实践报告写作模式，即CEA翻译描述框架。理解（Comprehension）、表达（Expression）、变通（Adaptation）是在翻译实践中译者需要经历的三大步骤。在这一模式关照下，翻译实践报告可按以下章节撰写，如表6所示。

表6　翻译实践报告的 CEA 框架

1. 概述	写作目的和方法
	原文情况简介
	翻译情景简介
2. 介绍 CEA 框架	框架来源（把所知理论的要素归入 CEA）
	支撑 C 的理论
	支撑 E 的理论
	支撑 A 的理论
3. 案例分析	C（分类方法/略举两例）
	E（分类方法/略举两例）
	A（分类方法/略举两例）
4. 总结展望	总结感悟
	展望未来

综合来讲，穆雷模式更为当前多数高校所采用；而李长栓模式则更具可操作性。在具体撰写过程中采用哪种模式，可结合就读学校要求和自身研究特点综合考量。

三、小论文与大论文的辩证关系

一般来说，硕士研究生或博士研究生为了完成授予学位要求，需要完成"大论文"。但是目前国内很多高校对研究生的毕业都有硬性的要求，因此年轻的学者们还需发表规定级别的"小论文"。对于二者之间的关系，笔者认为主要可以分为以下3类。

（一）小论文是大论文的精炼

学位论文是某一阶段学习和研究成果的结晶，倾注了研究者的大量心血。为了凸显出研究的创新性，研究生，尤其是博士研究生需要在前人研究基础上构建理论框架、尝试新的研究方法并给出创新的研究结论。创新是一把双刃剑，如被认可则可被视为是该研究领域的新声；但若不够完善，则将遭受质疑。因此，在完成论文开题与资料搜集工作后，研究者可以尝试性地将大论文的主体结构进行缩略，形成小论文进行投稿。如被期刊接受，则证明所提出的观点有其合理之处，可以继续进行研究；但若遭碰壁，也无须沮丧，可以吸收意见进一步对研究予以完善。小论文不仅是大论文的"试金石"，同时还可成为"梧桐树"。从论文完成提交到能够在中国知网被检索需要一段时间，此时作者同样可将大论文变为小论文，及时发表能够让自己的学术观点尽早被该领域所了解。

（二）小论文是大论文的组成

某些高校要求就读期间发表的论文必须是最终学位论文的组成部分（查重时可扣除该部分复制比），这给我们提示：我们可以对学位论文的结构进行周密的设计，按照不同的内容撰写小论文，并在最后有机地将小论文合并为大论文。这种方式不仅会节省作者的精力，同时还有助于提升大论文与小论文的质量。以博士论文为例，博士学位论文通常选择较为前沿或冷门的话题，作者通常占有该领域的一手资料，因此可以将文献综述部分整理成为一篇小论文；独创性的理论框架可以整理成为一篇思辨型论文；现状分析、原因生成、解决对策部分则可结合案例分为多篇小论文。当前对于这类发表方式存在着一些争议，但是钟羡芳的研究表明，学位论文的再发表，并不违背现有的法律规定，有利于传播学术成果、培养学术新人，符合业界传统，应予以肯定①。具体能否实施，可依照就读学校的相关要求，与导师商议后决定。

（三）小论文与大论文不相关

这种关系下，小论文和大论文的研究在内容、方法上可能都关系不大。当然拓展研究方向是一件无可厚非的事情。但是问题在于，一个人

---

① 钟羡芳．论学位论文析出内容能否在期刊再发表［J］．科技与出版，2014（7）：123-126.

的精力是有限的。尤其对于研究生来说，在 3~4 年的时间内要完成课程修习、阅读大量资料并完成学位论文，压力十分巨大。多方向研究不仅会牵扯精力，同时也会造成研究方向不集中、难以掌握学术话语权等问题。

第三章

翻译研究论文的要素构成

在第二章中，我们按照翻译研究论文的类型，分析了不同种类研究论文的要素构成与注意事项。在这一章中，我们将深入翻译研究论文的内部，对包括标题、致谢、摘要、关键词等要素的相关内容进行介绍。总体而言，本章所涉及的内容适用于期刊论文与学位论文，特殊之处笔者将在论述过程中进行标明。

一、标题

（一）标题的定义与作用

标题是文章的眉目，是对文章最精粹的概括，也是连接文章和读者的桥梁。标题作为学术论文的"眼睛"，好的标题会起到"画龙点睛"的作用，具体体现在以下两个方面：

首先，标题能起到吸引读者阅读的作用。类似于广告，读者会根据标题提供的信息选择是否阅读文章内容。信息丰富且新颖的标题会吸引读者的目光，使学术论文在海量同类中脱颖而出。

其次，标题能够起到便于文献检索的作用。标题是当前文献检索中的重要依据，标题拟定的优劣直接影响到文章能否被检索到。

（二）标题的种类

学术论文的标题主要分为两类：主标题和副标题。

主标题，也称之为正标题，是相对副标题而言的，若文章无副标题则可直接称之为标题。

如：《后学科时代翻译学科谱系的元理论反思与重构》

通过这一标题，我们就了解到这篇论文将反思后学科时代翻译学科谱系的元理论，并进行重构研究。

副标题，通常用来对主标题进行补充，具体限定研究的内容、范围等，通常以"："或另起一行用"——"加文字的形式出现。

如：《发展中的中国翻译学科：问题与对策》

这篇论文的副标题就限定了研究内容。

如：《论汉英语用差异对翻译的影响——基于对<边城>四译本的对比分析》

这篇论文的副标题就限定了研究语料。

这里需要说明的是，副标题与主标题的关系即可主标题为虚、副标题为实，也可主标题为实、副标题为虚，可按具体情况具体分析。但笔者建议学位论文可采取主副标题相结合的方式命名，即可以保证主标题的简洁性（研究理论与问题），同时还能全面概述研究内容（分析对象）。

（三）标题的基本要求

首先，学术论文的标题应该确保精准。论文的标题应该做到如实向读者表明研究领域和深度，做到既不过分夸大，又不过于谦虚。不应在标题中出现过于笼统和概括性的词汇，同时也不应存在歧义。

其次，学术论文的标题应该力求精练。无论是期刊论文还是学位论文，都对标题的字数有一定限制。这就要求标题需要言简意赅，具有极强的概括性。

最后，学术论文的标题应该勇于创新。在精准和精炼的基础上，如若标题能够展现出新颖的特质，则会锦上添花。如前文提到霍姆斯的名作 *The Name and Nature of Translation Studies* 被译为《翻译研究的名与实》。许多学者模仿这一篇名发表了大量的研究，如《文章翻译学的名与实》《论创译的名与实》《技术哲学视域下口译技术的"名"与"实"探析》《译介学的名与实》等。此类仿拟命名不仅是对霍姆斯为翻译研究所做贡献的致敬，同时在某种程度上也开创了一种独特的翻译研究体例。但是需要注意的是，学术期刊标题毕竟不同于艺术创作，在追求创新的同时还要铭记其写作目的。

（四）标题写作的注意事项

首先，学术论文的标题可在最终文章成稿后进行拟定。

其次，期刊论文和学位论文的标题拟定可参考同类论文，并注意字数限制。

最后，"浅谈""浅议""浅论""初探""试论"等以示谦敬的标题已经不再适用于当前的学术环境。

（五）标题翻译

为了扩大学术影响力，目前多数期刊论文和学位论文都要求将中文论文标题译为英文。作者在翻译标题时不应完全采用直译方式，而应按照英文学术论文的标题命名方式对原标题进行修改。主要可以遵循以下三种类型。

首先，译为名词结构。

原标题为名词结构时，可直接对应翻译成偏正型的名词词组或并列型的名词词组。

如：《译者的"非隐形"及其自我建构机制》可译为

Translators' Non-invisibility and Its Self-construction Mechanism

其次，译为介词结构。

原标题中如出现"论×××""谈×××"等动词时，可将其译为介词"On"。

如：《试论罗慕士的文化立场与跨语际言说特质》可译为

On Moss Roberts' Cultural Stand andTranslingual Utterance Characteristics

《翻译技术时代的译者身份认同探析》

On Translator's Identity with Growing Translation Technology

再次，译为名词+介词结构。

原标题中如出现"×××的思考""×××的研究""×××的探析"等字眼

时，可相应处理为"A Probe into ×××""A Study of ×××"等名词+介词结构。

如：《复合间性视野下的间接翻译研究》可译为

A study of indirect translation from the perspective of multi-interrelations

二、致谢

（一）致谢的定义与作用

致谢是对论文写作过程中提供帮助的人的感谢，是学位论文的必要组成部分，部分期刊论文也会在文末进行简短致谢。

相较结构较为固定的学术论文而言，致谢可能是最不学术同时也是最具个人特色的部分。但恰恰是因为致谢的特性，通常也被认为是最具有人情味的章节。致谢语篇不仅仅是一个简单的感谢清单，它还具有展示功能，向世人展示作者谦虚、诚实和感恩的品质。这样的展示有助于提高作者在学术和人品上的可信度，有助于建立良好的人际关系，营造出和睦友好的学术氛围①。

（二）致谢的对象与结构

《科学技术报告、学位论文和学术论文的编写格式》规定，"在正文后对下列方面致谢：国家科学基金、资助研究工作的奖学金基金、合同单位、资助或支持的企业、组织或个人；协助完成研究工作和提供便利条件的组织或个人；在研究工作中提出建议和提供帮助的人；给予转载和引用权的资料、图片、文献、研究思想和设想的所有者；其他应感谢的组织或个人"。

对学位论文而言，李娟基于语用身份视角，对致谢内容进行了归纳②，如表7所示。

---

① 李恩科，徐国华. 层次分析法在信息系统综合评价中的应用［J］. 情报学报，1998
（6）：3-5.
② 李娟. 语用身份视角下的博士论文致谢语研究［J］. 外语研究，2016（2）：33-38.

表7 基于语用身份的致谢内容

职业身份	博士生身份	感谢自己导师及导师配偶在学业、论文、生活、为人处世方面的指导
	新手研究者身份	感谢其他资深老师，授业、解惑、支持
	同行研究者身份	感谢其他给予自己帮助的人和机构，如同学、研究参与者、参考文献作者
	单位工作人员身份	感谢同事、领导
	院校学生身份	感谢求学所在学校
社会身份	家庭身份	感谢家人、配偶、父母、子女等的支持、关心、耐心、亲情
	朋友身份	感谢朋友，致敬友情
个人身份	理性主义者身份	用理性语言表达个人感情
	感性主义者身份	用感性语言浪漫地表达各种个人感情，如强调自己对学问孜孜不倦的追求，回顾求学的经历，谦逊地承认其瑕疵，恳请同行指正

对期刊论文而言，论文数据的整理者、设备的提供者、方法的指导者、外审专家等对论文完善起到重要作用的人都可作为致谢对象表达感谢。

（三）致谢写作的注意事项

首先，学术论文的致谢应真情实感，不能千篇一律。研究生往往面临一个尴尬的现状：用英文撰写的硕士学位论文，查重时"飘红"最严重的部分就是致谢。虽然在英文中致谢的句式结构相对固定，但是我们也应力求创新。学术论文的致谢是对一段学习时光的总结，是对师生情、同学情、父母情的见证，同时也是读者获取作者选题灵感、写作过程的重要参考依据，因此应该在其中展现真情实感。

其次，学术论文的致谢应客观公正，不夸大隐瞒。致谢的动人之处就在于真实。因此应客观反映包括导师在内的学者对自己的帮助，不应碍于面子堆砌溢美之词，也不应羞于面对而隐瞒他人贡献。

三、作者信息与基金项目

（一）作者信息与注意事项

作者信息包括作者姓名、作者单位与作者简介，对于期刊论文来说，前两者通常位于标题之下，而后者则居于首页页脚或篇末。

对于作者身份，这里需要明确几个概念，即第一作者和通讯作者。通讯作者是课题的负责人，负责课题的经费、设计、文章书写和把关，承担着文章可靠性的责任。而第一作者则是本篇文章中贡献最大的，负责文章的具体构思和撰写工作。通常来说通讯作者和第一作者往往是同一个人，但是翻译研究所属的人文科学不同于自然科学，可按具体情况具体分析。

在学术论文的作者信息部分，我们需要注意以下三个问题。

首先，一篇论文的作者可能有多个作者单位，或者多个作者隶属于不同单位。

如：

翻译技术时代的译者身份认同探析
李晗佶[1,2]陈海庆[1]

1. 大连理工大学 2. 沈阳师范大学

这篇文章的第一作者有两个单位，为了进一步区分，需要用上标"1，2"等对作者单位进行区分。

其次，作者单位信息应全面。虽然期刊的要求各异，但是在投稿时提供最全的信息往往不会出错。多数期刊要求作者单位要具体到学校、学院、城市、邮编。

如：沈阳师范大学，外国语学院，辽宁省沈阳市，邮编为 110034

最后，作者的信息是重要的沟通依据。在撰写时，应将作者的姓名、出生年月、性别、籍贯、学位、职称、研究方向、电子邮箱等信息一一附上。

如：李晗佶（1990-），男，辽宁省锦州人，博士，沈阳师范大学外国语学院讲师，研究方向：翻译学，翻译技术，E-mail：lihanji900630@ si-na. com

（二）基金项目与注意事项

一方面基金项目结项需要发表论文，另外一方面学术期刊也欢迎有课题支持的文章。因此，可结合相关项目需要提供项目来源、项目名称以及项目编号等信息，并在文章的首页页脚或文末以如下形式进行标注：

如：本文为国家社科基金后期资助项目"汉译组构优化研究"（编号：15FYY019）；教育部人文社科规划基金项目"文化外译优先规划研究"（编号：20YJA740022）的阶段成果。

但是需要注意的是，基金项目的名称应与论文研究领域一致或相近，不应出现为了标注而标注的情况。

四、摘要

（一）摘要的定义与作用

《科学技术报告、学位论文和学术论文的编写格式》指出："摘要是报告、论文的内容不加注释和评论的简短陈述。报告、论文一般均应有摘要。"摘要的作用与标题相同，是向读者介绍文章主要内容的窗口，同时也是文献检索的重要依据。通常一篇学术论文，人们首先通过标题锁定待读论文。随后通过阅读摘要了解文章的主干信息。最后才会有选择性地对全文进行阅读。

（二）摘要的结构

牛桂玲基于前人研究，从语步的视角提出了学术论文摘要的写作结构，如表8所示①。为了进一步详细说明，笔者选取了两篇国内期刊刊发的翻译研究论文，将摘要内容置于这一框架下进行分析。

例1②：《翻译批评需要怎样的标准？——译者行为批评模型构建尝试》

例2③：《译作的"边缘"——从副文本解读白之英译〈牡丹亭〉》

表8 基于语步的摘要内容示例

语步	典型标记	例1	例2
语步1	研究背景	译学界一直在为寻求翻译方面的"标准"进行着不懈的努力，从翻译标准到翻译批评标准莫不如此。	
语步2	研究目的	翻译批评追求的目标是全面性、客观性和科学性。	对译作副文本的深入分析不仅可使研究者观察译者的策略选择，亦可使研究者认清翻译的本质。
语步3	研究方法、材料、对象、步骤	为此，本文从"标准"、翻译标准和翻译批评标准谈起，讨论了传统上翻译标准争论的主观性，梳理了翻译批评建设的客观化过程，在此基础上进行了译者行为批评模型建构的尝试。	基于前人的研究，本文区分了翻译研究语境中的两类副文本——"意图式副文本"和"语境式副文本"，分别阐释其内涵与作用，并以此为基础分析了白之英《牡丹亭》的两部英译本（1980年版本和2002年版本）。

① 牛桂玲. 学术期刊论文摘要研究的新视角［J］. 河南大学学报（社会科学版），2013（5）：150-156.
② 周领顺，周怡珂. 翻译批评需要怎样的标准？——译者行为批评模型构建尝试［J］. 外语与外语教学，2020（5）：107-117，138，150-151.
③ 于洋欢，董雁. 译作的"边缘"——从副文本解读白之英译《牡丹亭》［J］. 外语与外语教学，2020（5）：127-138，151.

续表

语步	典型标记	例1	例2
语步4	研究结果	为检验该模型的有效性，本文从范畴化后的"文化-文学"连续性入手，给予了充分证明。	通过对比发现，2002年版本中的副文本更有利于促进译作在目的语中的接受和流通。
语步5	结论	翻译批评所需要的标准，是与"标准"定义的科学内涵相一致的，且要具有操作性。	可以说，本研究是对副文本视域下翻译研究所做的一次有益探索，以期破解此领域当前研究路径僵化的问题并对今后的典籍英译有所启示。

目前学术期刊摘要的质量差异很大，并非所有论文的摘要都能涵盖以上五个语步。上述两例摘要信息较为完整，笔者也建议参照这一标准进行摘要写作，同时可以适当调整，如增添展望等信息。

（三）摘要写作的注意事项

1. 摘要应避免"简单""啰唆"

摘要，就是要简明扼要地向读者介绍文章的梗概。但是很多作者错误地将"简洁"和"简单"画上等号，同时在撰写时罗列了大量的背景信息，十分"啰唆"。

例3①：

新闻是藏族人民学习了解和传播汉族文化和世界文化的重要途径之一，而传达准确的新闻信息离不开汉藏新闻翻译工作。藏族传统文化和汉族文化存在一定的差异，这些差异会影响汉藏新闻翻译和传播的准确性。基于此，笔者以汉藏新闻翻译工作作为研究话题，围绕文化差异视角下的

---

① 桑杰草. 文化差异视角下看汉藏新闻翻译策略［J］. 新闻研究导刊, 2020,（22）: 177–178.

汉藏新闻翻译相关问题展开一系列探讨。

例4①：

"一带一路"倡议对外语翻译人才培养提出了新要求。翻译人才不仅要精通语言知识，还要掌握跨文化知识，因而外语翻译的语言工具属性和跨学科属性在此背景下尤为凸显。基于外语翻译的跨学科属性，外语翻译人才培养要突破原有外语学习的单一性和"外语＋专业"的简单复合学习模式，为"一带一路"倡议的推进培养合格的外语翻译人才。该文对此进行了专题研究。

上述两例摘要用大量的篇幅对该领域的背景知识进行介绍。我们需要明确，学术论文的读者同样也是学者，对该领域已经具备一定的了解，因此背景知识的介绍不仅累赘还会削弱论文的创新性。同时两则摘要仅用一句话提及了论文研究的内容，但用何种方法、得到哪些结论并未展开论述，不免让人感觉喧宾夺主。因此，我们在今后摘要写作的过程中，应该按照期刊论文或学位论文的字数要求，依照上文提到的摘要结构进行精炼且全面的论述。

2. 摘要应避免评论性话语

摘要应秉持客观、公正的立场对文章内容进行概括。因此主观性过强或过于夸大的结论，如出现"国内首创""填补了空白""首次报道了"等夸大性语言并不适宜。

3. 摘要应避免第一人称的使用

学术界普遍认为，摘要应该避免"本研究""本文""笔者"等第一人称作为主语，因为会削弱表达的客观性。因此，应使用"对……进行了研究""报告了……现状""进行了……调查"等第三人称作展开论述，如例5所示。

---

① 彭富强，王竹香."一带一路"倡议背景下翻译人才培养模式研究［J］. 教育教学论坛，2020，（48）：343-344.

例5①：

语域特征是文本的一种重要属性，译本的语域变异由此成为译者风格描写的有效参照。多维分析法（MF/MD）能有效识别译本的语域类属并在不同语域维度上描写其倾向性特征，因此可用于对比基于同一原作的多译本语域特征，以考察不同译本的语域变异情况。译本语域维度差异及参与计算的因子差异均可作为译者风格的综合考察指标，其聚类共现能够反映出译者各自的语言风格乃至翻译策略。多维分析对译本语域特征描写和译者风格考察均具重要意义。

4. 摘要应在论文成稿后撰写

在论文题目拟定时，作者可以准备一个"拟摘要"，用于提示论文的思路与结构。但是在真正撰写的过程之中，论文的结构与方法可能会发生转变。因此，最终的摘要应在文章定稿后再进行总结。

（四）摘要的翻译

不同于自然科学领域的学术论文，人文社会科学的学术论文摘要并非要将中文一字不差地翻译成英文。曾剑平和叶卫华认为应采用编译策略，就是在不改变原文主要信息的前提下，译者为了使译稿顺畅而增加一些连接性词语，为突出重点（不一定是原文的重点）而作语序或段落的调整、压缩等处理②，如例6所示。

例6③：

中国特色对外话语体系的译介与传播，除了存在"四个不足""四种缺失""四大困境"等结构性问题，还存在着"五个不到位"等认识论与方法论问题。基于此，充分树立"和而不同"的认识论理念和"话语历史研究法"的方法论意识，充分利用民间话语事件的影响力，充分借鉴"故

---

① 赵朝永．译者风格对比描写的多维分析途径［J］．外语教学理论与实践，2020（3）：67-73，84.

② 曾剑平，叶卫华．社科学术论文摘要的编译［J］．中国翻译，2013（3）：94-98.

③ 胡安江．中国特色对外话语体系的译介与传播研究［J］．中国翻译，2020（2）：44-51，188.

事性"的国际主流媒体叙事方式，充分强化译介与传播的受众思维、协商化思维和互联网思维，充分排查各种机制壁垒，充分重视高端翻译人才的培养，对于在新时代背景下精准开展中国特色对外话语体系的译介与传播工作和稳步提升其对外译介与传播效能，具有重要的理论价值和实践意义。

Much is left to be desiredin China's efforts to represent its discourse system abroad, owing largely to the shortcomings and deficiencies in its translation-based mode of international communication. In search for a remedy of such a situation, this paper proposes a comprehensive solution. It maintains that on the conceptual level, the philosophical ideal of "harmony in diversity" ought to be adopted as the guiding principle for the endeavor, while a "historicist approach to discourse studies" must serve as the methodological paradigm. On the operative level, attention should be paid to the "folk discourse events" that tend to make significant impacts on international communication, and to the mode of "story-telling" popular with mainstream international media as well. The audience's expectation, as well as the related modes of consultative thinking and Internet thinking, should also be taken into serious consideration. All barriers to an effective communication, caused by outdated or deficient mechanisms, must be identified and removed. In addition, greater importance should be attached to cultivating highly-qualified translation talents, on whom, ultimately, the accomplishment of the task to disseminate Chinese discourse abroad and improve the effectiveness of its international communication would depend.

五、关键词

(一) 关键词的定义与作用

关键词是为反映论文主题内容和满足文献检索需要而从论文中选取的

词或词组①。关键词的作用就在于揭示论文的主题信息，通过对论文核心观点、方法进行凝练，从而便于信息检索。

（二）关键词的基本要求

首先，学术论文要有关键词。无论是期刊论文还是学位论文，关键词都是必要的组成部分。

其次，学术论文的关键词有数量限制。通常来讲，学术论文的关键词应该在 3~8 个之间，多数为 3~5 个。

最后，学术论文关键词应该是文章内容的浓缩。关键词的确定和论文标题与摘要有着密不可分的联系。理论上来说，标题中出现的概念性词语都应该成为论文的关键词。如朱建平《完整再现霍姆斯翻译研究学科构架图》一文的关键词就设定为"翻译研究；霍姆斯；学科构架；完整再现"。此外，关键词还可就标题中没有言明的信息进行补充，如王汐《实例化、实现化与个体化三维翻译视角——以<道德经>英译为个案》一文，除"《道德经》英译；实例化；实现化；个体化"等关键词外，作者还将"系统功能语言学"列入其中。这一关键词的加入对该研究所使用的理论进行了说明。

（三）关键词写作的注意事项

首先，关键词并非随意得出。对于撰写文章来说，列出几个关键词相较而言要简单得多。但优质、有效的关键词拟定需要作者花费大量心思。笔者建议可以转换视角，从"读者"的角度来审视文章的关键词，并检验是否能够通过该关键词检索到文章。

其次，关键词中要注意语言选择。作者在拟定关键词时应避免出现以下词汇，如同义词、非实词、缩写、通用词（如问题、意义、方法）、生僻词与模糊词等。

---

① 马利. 社科学术论文中关键词的标引 [J]. 中央民族大学学报（哲学社会科学版），2007（4）：133-136.

六、引言

（一）引言的定义与作用

引言，又称导言、绪论、前言、导论，是文章的开头与引导，是学术论文必要的组成部分。引言一方面可以指出文章的创新性，另一方面可以体现文章的科学性①。作者通过引言的撰写要让读者知道为什么要对这一问题进行研究，当前此问题的研究存在什么问题，以及研究思路是什么。

（二）引言的结构

无论是期刊论文还是学位论文，引言都是必不可少的元素，在构成方面略有差异。

1. 期刊论文的引言结构

期刊论文的引言通常位于文章的开头，有的单独注明（如"1 引言"），有些并不标注。主要包括以下部分：

◇研究背景

◇此前研究与存在问题

◇研究目的、方法与过程

以《复译背后的翻译语境时空解读》② 一文为例，我们对其引言部分的写作结构进行分析。

研究背景：自美国人类学家 Shaw（1987，1988）提出"翻译语境"（Translation Context）概念以来，研究者对翻译语境的研究虽在 20 世纪 90 年代形成热潮，但对"翻译语境"的整体认识仍属萌芽阶段。

此前研究与存在问题：西方不乏对语境与翻译关系的讨论（Hatim & Mason，1990；Bell，1991；Nida，1993，2001；Hatim，1997；House，2006；

---

① 王小唯，吕雪梅，杨波，潘启树. 学术论文引言的结构模型化研究［J］. 编辑学报，2003（4）：247-243.

② 彭利元. 复译背后的翻译语境时空解读［J］. 外语教学与研究，2016（3）：455-465，480.

Baker，2006a，2006b；Melby & Foster，2010），却少有人沿用"翻译语境"概念，对语境与翻译关系的探讨也缺乏新意。国内多有学者使用"翻译语境"概念并对其进行探讨（程永生，2001；李运兴，2007，2010；彭利元，2008a，2008b，2008c），但对于翻译语境对翻译的具体影响模式仍缺乏深入研究。

本文研究的目的、方法与过程："语境是与语言使用有关的很多学科（包括翻译研究）的中心概念"（House，2006：338）。本文就近年网络热门翻译事件的内在根源进行探讨，挖掘翻译多样性与翻译语境时空差异的内在关联，以深化对复译的本质认识。

这篇论文的引言虽然不长，但作者却通过精练的语言和严谨的论证，逐渐将读者的思路引导至文章所关注的研究问题，要素全面且信息丰富，值得学习。

2. 学位论文的引言结构

学位论文的引言（Introduction）较期刊论文更长，通常单独一章位于篇首。一般来说，学位论文的引言包含以下五个部分。

◇研究背景（Background of the Study）

◇研究目的（Purpose of the Study）

◇研究意义（Significance of the Study）

◇研究方法（Methods of the Study）

◇研究结构（Structure of the Study）

需要注意的是，不同院校对学位论文的引言结构要求差异很大有些学校要求将文献综述也置于引言章节。因此学位论文的引言内容安排应结合实际，具体分析。

（三）引言写作的注意事项

1. 引言长度应该适中

引言如果过短，则不能提供充足的信息；引言如果过长，则会喧宾夺主，让文章头重脚轻。因此，作者应该根据文章的长度来确定引言的长度。一般来说，期刊论文 1~2 段足矣，学位论文则应占 15% 左右的篇幅。

2. 引言与摘要不等同

很多人将引言和摘要混为一谈，虽然二者有所重叠，都介绍了研究问题、方法、步骤，但是我们应该注意它们之间的区别。从作用上来看，摘要是对文章内容的概括和报道，而引言则起到引导作用；从文体上来看，摘要较为独立，而引言则是正文的一部分；从内容上来看，摘要一般会写明研究结论，不包含主观性评价，但引言涵盖研究综述，需要对前人研究进行主观评价，同时不会写明研究结论。

七、正文

如果说引言的结构较为固定，那么正文则给了作者充分发挥的空间，因此结构并不固定。正文内容的撰写可参考第二章的相关论述。

（一）不同类型研究论文的正文结构示例

为了具体说明，笔者在这里选取了 3 篇不同类型的论文，通过正文的标题结构分析文体论述的思路。

例 7：理论论述型论文

《翻译理论是从哪里来的？——再论翻译理论与翻译实践的关系》①

一、引言

二、何谓翻译理论？何谓翻译实践？

三、翻译理论来自于翻译实践

四、翻译实践呼唤翻译理论

五、翻译理论与翻译实践的关系

六、任何一种翻译理论都有其局限

这是一篇理论论述型论文，重点在于调和当前学术界关于翻译理论和翻译实践之间的矛盾。因此，在引言结束之后，文章首先对翻译理论和翻译实践两个关键性概念进行了规定。其次分别论述了翻译理论和翻译实践

---

① 曹明伦. 翻译理论是从哪里来的？——再论翻译理论与翻译实践的关系［J］. 上海翻译，2019（6）：1-7，95.

的单向作用。再次就翻译理论和翻译实践的双向互动关系展开重点论述。最后指出，任何理论都具有局限性，翻译理论也都有其特定适用范围。这篇文章的正文部分论述严谨、环环相扣，始终围绕文章的主题展开。

例 8：案例分析型论文

《论詹纳尔<西游记>英译本的异质性及意义》①

二、詹纳尔英译《西游记》异质性分析

（一）文化异质性

（二）文体异质性

（三）语言异质性

三、《西游记》翻译"异质性"的意义

这是一篇案例分析型论文，从文章标题中就可以了解作者的研究问题，即詹纳尔所译《西游记》的异质性及意义。因此，文章的主体结构也分为上述两个部分。在异质性分析部分，又分别从文化、文体和语言角度展开。这三个层面的分析从大到小，逻辑清晰，顺序明确。随后针对上述分析，自然而然地推导出这一译本异质性的意义。

例 9：实验类实证论文

《情境模型视角下同传译员与未受训双语者工作记忆对比研究》②

2. 研究背景

2.1 同传听辨理解机制

2.2 工作记忆模型对比

2.3 有关译员工作记忆的实证研究

---

① 周远航．论詹纳尔《西游记》英译本的异质性及意义［J］．上海翻译，2018（4）：44-49.

② 刘颖呈，梅德明．情境模型视角下同传译员与未受训双语者工作记忆对比研究［J］．外语教学与研究，2019（6）：914-924，961.

3. 研究设计

　　3.1 研究问题

　　3.2 受试

　　3.3 实验设计与材料

　　3.4 实验程序

　　这是一篇实验类实证论文。作者首先在第二部分介绍了本研究所使用的一些理论基础和前人研究。随后在第三部分介绍了实验设计的相关信息，如研究问题、受试信息、实验程序等。接下来在第四部分表明了实验结果，并针对结果展开了讨论，最终形成了研究结论。

　　（二）正文写作的注意事项

　　1. 正文结构的设计应具有逻辑，相互关联

　　正文部分的结构虽不固定，但是必须秉持具有逻辑的宗旨，可以按照线形顺序展开，即问题提出、问题分析、问题解决；同时也可按并行结构，如同一个问题的几个方面。每个部分的内容都要紧密围绕论证主题展开，相互关联，不应出现与主题不相关的内容。

　　2. 正文应按要求进行结构标号

　　不同的期刊或院校对期刊论文或学位论文的标号要求有所区别，需要明确规范进行撰写。主流的标号形式有以下几种：

表 9　论文标号形式

1.	一、
1.1	（一）1.
1.2	1.（1）
1.2.1	1.（1）①
2.	二、

八、结语

（一）结语的定义与作用

结语不是文章论点的简单再现，也不是各段小节的机械重复，而是作者在文末对研究进行的总结性讨论。学术论文的结语不仅能反映研究的价值，同时对以后研究具有重要的指导意义。

（二）结语的结构

学术论文的结语应与引言相互呼应，是对引言部分提出问题的回答，即对研究内容、新发现、新观点作出简明扼要的概述。此外，结语部分还可指出研究的局限与不足，并对未来的研究提出展望和建议。

对学位论文来说，结语部分主要应包含以下四个部分：

◇ 结语 Conclusion

◇ 主要结论 Major Findings

◇ 创新点 Innovations

◇ 研究不足 Limitations

◇ 研究展望 Suggestions

我们同样以彭利元的《复译背后的翻译语境时空解读》一文为例，结合前文所列引言与结论进行对比。在结语中，作者首先重述了研究的主要发现和得出的主要结论。其次对研究的意义进行了评价，如例 10 所示。

例 10①：综上所述，翻译多样性取决于翻译语境时空体验的差异性，而翻译语境时空不同类型的体验决定了译本的不同意义差别：自然时空体验的差异决定了译本概念意义的差异，社会时空体验的差异决定了译本人际意义的差异，语言时空体验的差异决定了译本语篇意义的差异；而心理

---

① 彭利元．复泽背后的翻译语境时空解读［J］．外语教学与研究，2016（3）：455-465，480.

时空体验贯穿前述三类不同时空体验的全过程，决定着译者对源本概念意义、人际意义、语篇意义的挖掘、鉴别和选择，也决定着译者对译本遣词造句、布局谋篇的设计和驾驭，决定着译者对译本修辞意义的挖掘、鉴别、选择和构建。

"作者死了"，阐释无限，解构无限。这种无限的阐释，需要有个合理的解释。翻译语境四维时空观的提出，对文本意义的阐释和再创造提供了一个可感、可行、可信、简洁的解释框架，为复译的层出不穷、译本的形形色色找到了合理的语境根源，这对于深化翻译本质的认识，切实把握和分析译本的差异具有重要意义，有望推进复译理论的深化和发展。

（三）结语写作的注意事项

首先，结语可由明确的逻辑连接词，如"综上所述""总之"等进行引导。

其次，结语的篇幅应该适中，过短会显得文章结束的过于仓促，过长则会喧宾夺主。

最后，结语中不应出现新的观点，但应具有启发性，能够引发读者思考。

九、引文与参考文献

（一）引文与参考文献的定义和作用

引文和参考文献都是学术论文的重要组成部分，与正文一起共同呈现出严谨且科学的研究。其中引文是在文中对他人成果的转述，参考文献则是引文的出处。

邓宏炎将参考文献的功能归纳为以下五点①：

◇标志功能，即引文质量的优劣能反映出论文作者的自身水平；

◇审查功能，即根据引文能够对文中提出观点的准确性进行判断；

◇评价功能，即能够被其他学术成果引用也体现出该研究具有的价值；

◇保护功能，即对被引作者与论文作者著作权的保护；

◇链接功能，即建立起参考文献与知识单元间的联系。

（二）引文与参考文献的类型

1. 引文的类型

①文中夹注：

例如"李晗佶（2020：30）指出×××"或"×××（李晗佶，2018，20）"；

②引言上标：×××[1]

具体使用哪种引文标注形式参考注释国家标准，也可按期刊或院校要求进行，具体的文献信息都需要在参考文献中体现。引言上标型参考文献通常按文中出现的次序在文末排序；文中夹注型参考文献则通常在文末，按照作者姓名首字母顺序排序，有些会要求中文文献和英文文献独立排列。

2. 参考文献的类型

参考文献按照出现位置的不同可分为两类，即脚注和尾注。

参考文献按照格式规范的不同可有多种区分，如 APA、MLA、Chicago、GB/T 7714-2015 等。无论采用何种格式，都应包含以下主要信息：作者信息、作品信息、出版年份、出版地、出版社、参考页码等。

参考文献按照来源类型的不同可进一步分为期刊论文［J］、普通图书［M］、学位论文［D］、论文集［C］、报纸文章［N］、档案［A］、电子文

---

① 邓宏炎. 参考文献重要功能探析［J］. 江汉大学学报，2000（1）：89-94，116-117.

献［EB/OL］等。

参考文献按照文献作用可分为阅读型文献和引文参考文献。阅读型参考文献是指"著者为撰写或编辑论著而阅读过的信息资源，或供读者进一步阅读的信息资源"：引文参考文献是指"著者为撰写或编辑论著而引用的信息资源"①。引文参考文献较好理解，阅读型参考文献的作用在于提示读者进一步阅读相关参考文献，但未在文中引用具体的内容。这种类型的参考文献最常出现于期刊论文的引言部分。

以《从停顿频次特征看职业译员英汉同传的认知过程——基于小型双模态口译语料库的个案研究》为例②：

停顿指语流中具有一定时长的声音信号中断现象①（Cruttenden，1997：30；Crystal，1969：166）。停顿与犹豫、重复、改口等是口译话语中普遍存在的副语言形式。口译副语言特征不仅是口头表达的自然反映，同时也具有丰富的语义内涵②（张威，2015：25）。以停顿、犹豫、重复、改口等作为话语标记，可以对口译认知决策过程进行深入观察③（杨承淑、邓敏君，2011：56；Yang & Chiu，2015）。深入考察和分析口译副语言特征，对口译实践和教学都有积极的借鉴意义④（张威，2009：56）。

在这篇论文的引言部分，①③就属于阅读型参考文献。而②④就属于直接引证的引文参考文献。

（三）参考文献的注意事项

1. 要正确认识引文和参考文献

学术研究是基于前人研究成果上的拓展和修正，因此参考文献是学术论文的必要组成部分。引而未标、标而未引、过度引用、不当自引等都是当前学术界对于参考文献存在的一些误区。为此，我们要正确认识引文和

---

① 彭丹宇．关于新旧国标《文后参考文献著录规则》GB/T 7714—2005 与 GB/T 7714—1987 的比较分析［J］．编辑学报，2006（S1）：22-25.

② 齐涛云．从停顿频次特征看职业译员英汉同传的认知过程——基于小型双模态口译语料库的个案研究［J］．外语与外语教学，2019（5）：135-146，151.

参考文献的作用，避免出现学术不端现象的发生。

2. 要合理使用引文和参考文献

参考文献的引用一定是为了支撑自己的论点，不要出现为了引用而引用的现象。

3. 要规范展现引文和参考文献

参考文献的规范性从一定程度上能够反映出学者学术研究的严谨性。因此，要结合要求规范撰写参考文献。对于文献中出现的作者（尤其是英文文献中的作者的姓和名）、来源（期刊、著作名称）、年份（版本）、页码等要仔细核对。同时对于非一手文献也应亲自查证以保证准确性，不能"人云亦云"。

十、注释与附录

（一）注释的定义与作用

注释是对论著正文中某一特定内容的进一步解释或补充说明。注释主要可以分为两类，即补充解释注与出处注释。前者是对正文未说明的内容进行补充说明，是不便利用正文篇幅进行补充的内容；后者是对参考文献的进一步解释和说明，如版本、出版情况等①。注释与上文提到的参考文献有相似之处，但也存在区别：参考文献更多起到指示作用，而注释的功能在于解释。我们需要注意，注释并未学术论文的必备部分。即使需要进行注释，也要注意注释所占篇幅，不能喧宾夺主。

（二）附录的定义与作用

附录不是学术论文的必要组成部分，而是在有必要时，为了不增加正文篇幅和不影响论文主体内容叙述连贯性的前提下向读者提供的一种资料，通常位于参考文献之后。附录通常包含的内容有实验结果中的具体参数、翻译研究分

----

① 陈红娟. 学术论文参考文献与注释异同之探究［J］. 西安石油大学学报（社会科学版），2011（2）：110–112.

析的语料对象、调查问卷与结果等。对于期刊论文来说，由于篇幅有限，通常不会将附录刊印出来。但却是专家评审论文可靠性和真实性的重要依据。对于学位论文来说，由于篇幅较为宽裕，因此应单独以 Appendix A、B 等命名并列出（如翻硕论文的实践材料、翻译实验报告的数据、问卷等）。

第四章

翻译研究论文写作的学术资源

在了解了翻译研究论文写作要素构成之后，我们接下来进行资料搜集工作。在本章，我们将从学术图书、学术期刊、学术搜索引擎和研究辅助工具四个方面，对选择依据、阅读方法等问题进行介绍。

一、学术图书

学术图书是指内容涉及某学科或某专业领域，具有一定创新性，对专业学习、研究具有价值的图书，通常在书中有文献注释或参考文献，书后有索引。学术图书的类型主要包括学术著作、学术专著、学术论文汇编/论文集、会议录、大学及以上程度的教材/教科书和参考书、某学科百科全书等工具书、学术随笔等①。因为图书自身所具有的信息量大、系统性强、传播性广等特点，因此学术图书是进行学术研究主要的参考资料。

（一）选择图书阅读的重要依据

图书质量的优劣直接影响着阅读效果。张艳丽通过总结前人研究，将学术图书的评价指标归纳为以下方面，内在质量、形式质量、社会影响、服务性质量、图书信息等②。从读者的角度出发，笔者认为主要可以通过出版单位、作者身份、再版频次和读者评价四个方面初步判定一本学术图书是否值得阅读。

---

① 叶继元. 学术图书、学术著作、学术专著概念辨析［J］. 中国图书馆学报，2016（1）：21-29.
② 张艳丽. 学术图书质量评价方法与评价指标研究评述［J］. 出版发行研究，2015（12）：18-21.

1. 出版单位

出版社在图书出版的流程中起到至关重要的作用，既是把关一本图书能否出版的入口，同时还是掌控一本图书质量好坏的出口。近些年来，我国的出版事业蓬勃发展。但是在出版"数量"提升的同时，"质量"大关能否得到保证引发了大众讨论。因此，口碑良好的出版社是鉴定一本图书质量的首要标准。对翻译研究而言，学术著作的出版单位主要可以分为以下 3 类。

（1）语言类专业出版社

对外国语言文学研究而言，国内最为权威的两大出版社就是外语教学与研究出版社（简称"外研社"）和上海外语教育出版社（简称"外教社"）。两大出版社依托北京外国语大学和上海外国语大学雄厚的外语教学与研究背景，每年出版大量高质量的教材、学术著作。此外，如上海译文出版社、外文出版社、中国对外翻译出版有限公司等专业出版社专注外语教学与研究，也出版了大量精品学术图书。

（2）优质的国家级出版社

如高等教育出版社、科学出版社、人民出版社、商务印书馆、中国社会科学出版社、中国社会文献出版社等对图书的质量也严格把关，为读者提供了大量可靠的参考资料。

（3）高校出版社

高校出版社是目前国内出版行业的重要组成部分，如清华大学出版社、北京大学出版社、南开大学出版社、上海交通大学出版社等都设有外语分部，也出版了不少精品图书。

对国外图书来说，我们应该首选那些国际知名的出版机构，如英国培生出版集团（Penguin, Pearson Pte. Ltd.）、荷兰利德艾兹维尔出版集团（Reed Elsevier BV.）、美国汤姆森路透集团（Thomas Reuters Inc.）、德国贝兹曼集团（Random House, Bertelsman AG）、美国麦格劳集团之麦格劳教育出版公司（McGraw-Hill Education）等。此外，一些机构也专注于翻译研究著作的出版，推出了具有影响力的一系列图书，如英国帕尔格雷夫麦克米伦出版社（Palgrave Macmillan）、荷兰约翰本杰明出版公司（John Benjamins Publishing Company）、英国劳特里奇出版社（Routledge）等。

2. 作者身份

学术图书的内容好坏主要取决于作者的水平高低。因此，作者身份也是判定图书是否值得阅读的重要标准。图书的原创性与作者的创作行为有着密切关联，主要分为著、编著、编和主编4类。署名为"著"和"编著"的多为学术研究著作，原创性较高；而署名为"编"和"主编"的多为工具书或教材，原创性较低。除此之外，作者的学术声望也决定着图书的质量。因此，在选择图书阅读前还应对作者的基本信息有所了解。

3. 再版频次

一部图书的重印和再版是对其生命的延续，同样也展现着市场的选择和认可。图书重印不仅能够满足市场需求，同时还能提升经济效益和社会效益。图书的再版需要结合时代发展和研究现状，对内容进行删改、增补，是图书质量完善的重要途径。因此了解一本图书是否经历了多次重印和再版也是判定图书质量的标准之一。

4. 读者评价

图书质量最直接、最有效的评定方式莫过于读者评价。读者评价可来自老师、同学的推荐。一般入学时，老师都会指定阅读书单。其中的图书都是老师经过多年教学与研究经验所筛选出来的精品。同学之间也可定期进行沟通，互相推荐优秀书目。这样不仅能够节约时间，同时还能促进学术交流。当前飞速发展的互联网同样为读者评价提供了新的途径。当当网、京东商城、豆瓣图书、专业论坛等对图书的评价也可供参考，但是需要读者拥有较强的判断力。

（二）翻译研究重要图书资源与阅读方法

1. 教材

教材是教学大纲的具体化，是教师讲授和学生学习的具体内容与重要手段。教材的特点是系统地、全面地对一个问题进行详细阐释，语言浅显易懂，便于了解某一领域的基础知识。但是教材也存在着缺点，如时间滞后性，新的学术观点难以展现；重知识而非问题，不利于学术研究等。因此，进入一个新的领域，可选择教材对这一问题的定义、发展脉络、主要流派和观点进行了解，随后有针对性地选择专业著作进行阅读。需要注意的是，教材通常不应出现在学术论文的参考文献中。但是一些兼具研究特色的教材例外，如杰里米·芒迪（Jeremy Munday）的《翻译学导论：理论与实践》（*Introducing Translation Studies：Theories and Applications*）被西方很多高校指定为翻译学概论教材，并多次再版。我国学者也对这本教材进行了翻译并推出了中文版本。这本教材主要介绍了翻译研究的主要流派，不仅涵盖了知识性内容，还加入了很多作者的评论，具有研究意味。

2. 工具书与百科全书

工具书是对某方面资料的汇编，专供查找知识信息的文献。百科全书是记录人类一切知识门类或某一知识门类的工具书。这两类资料对于翻译研究起到重要作用。综合类的工具书和百科全书有助于研究者查阅，以分析译本。专门类的翻译工具书和百科全书能直接提供研究指引，尤其是对于翻译研究中的人物、概念、事件等提供权威解读。如在翻译史研究方面，谭载喜的《西方翻译简史》、陈福康的《中国译学史》、马祖毅的《中国翻译通史》、罗新璋和陈应年的《翻译论集》等提供了翔实的翻译史料；再如方梦之的《翻译学辞典》、朱塞佩·帕伦博（Giuseppe Palumbo）的《翻译学核心术语》（*Key Terms in Translation Studies*）、司显柱的《翻译研究关键词》等能够成为翻译研究者界定核心术语的重要依据；莫娜·贝克（Mona Baker）的《翻译研究百科全书》（*Routledge Encyclopedia of Translation Studies*）全面且细致地介绍了翻译研究中的方方面面，能够成为学者的翻译研究索引。

3. 学术专著

学术著作是翻译研究中最为重要的参考，又可进一步细分为经典理论著作、问题研究型著作、译作与原作、论文集 4 类。

（1）经典理论著作

正如上文提到，我国的翻译研究起步相对较晚，原创性的翻译理论在近些年才逐渐形成规模。因此经典的翻译研究理论著作多来自国外。例如对奈达（Eugene A. Nida）的"功能对等"展开评述，就不得不阅读《翻译科学探索》（*Toward a Science of Translating*）、《翻译理论与实践》（*The Theory and Practice of Translation*）等著作；想分析译本的"改写"现象，就必须了解勒菲弗尔（André Lefevere）在《翻译、改写以及对文学名声的制控》（*Translation，Rewriting and the Manipulation of Literature Fame*）一书中提出的观点。经典之所以被称之为经典，就是因为它经受住了时间的考验，值得我们反复品读。当前国内的翻译研究出现了一种趋势，即乐于"走捷径"。例如有些学者选取功能主义翻译理论作为自己研究的指导理论，却连一本原著都没有读过。文中看似夸夸其谈的"理论"其实都来自他人的二手文献。这种"借鉴"虽然节省了作者的精力，但是却会造成理解不深、理论选用牵强、误读传播等问题。为了使国内学者能够便捷获取原版的一手资料，外研社和外教社都致力于引进国外权威翻译研究著作，先后出版了《国外翻译研究丛书》《外研社翻译研究文库》两大系列丛书。非常可贵的是，这两大书系在前言部分都邀请国内知名专家对著作内容进行了导读，为读者阅读和学习提供了很大帮助。当前已有不少经典译学著作被译为中文，如汪敬钦所译的《当代翻译理论纵横》、孟醒所译的《巴别塔之后：语言及翻译面面观》、蒋童所译的《翻译之耻：走向差异伦理》、傅敬民所译的《翻译模因论》等。有些学者强调，学生一定要阅读源语著作。笔者对此持相反观点。笔者认为如果在有高质量中文译本前提下，阅读中文版本不仅能够节省时间、同时还能深入理解。就中文版本中存疑的部分，或想查证英文表达方式时，则可再去参考原文版本。

（2）问题研究型著作

问题研究型著作在本质上和上文提到的经典理论著作并无差异，只不过是在发表时间上相对潜后。经过时间的打磨，今天很多"新著作"在未来也可能成为"经典"。以国内为例，很多出版社经过多年积累，推出了系列"文库"并获得了良好的业界口碑。如外研社的"翻译学核心话题系列丛书"、国防工业出版社的"应用翻译理论与教学文库"、中国对外翻译出版有限公司的"中译翻译文库"、浙江大学出版社的"新世纪翻译学R&D系列著作"与"口华翻译研究文库"等。对于此类著作，读者应先读前言和目录，了解图书的写作意图、大体结构，再按照研究兴趣进行选择性阅读。

需要注意的是，目前国内很多著作都改编自博士论文，如上海译文出版社的"译学新论丛书"、科学出版社的"当代外国语言文学与文化求索丛书"、外教社的"外教社博学文库"等。还有一种趋势是将发表的期刊论文进行汇编，如复旦大学出版社的"中国当代翻译研究文库"。这需要读者在选购前，从简介、前言、评论等处多了解图书的性质。

（3）论文集

论文集就是对某一领域学术论文的汇编，但是国内的论文集质量相对一般。王彦祥认为，存在着缺乏学术权威、降低出版水平、浪费出版资源、滋长出版乱象等弊端①。笔者在学习和研究的过程中发现，国外知名出版社和学者组织出版的论文集具有很强的阅读性和参考价值。通常某一领域的知名学者会召集该领域的研究专家展开讨论。主编会撰写一篇综述类的文章，其他作者就各自的研究方向分别论述。通过阅读此类论文集，能够让读者迅速掌握该领域的关键理论、研究前沿、研究方法等问题。同时论文集中出现的参考文献也是读者"顺藤摸瓜"、拓展研究资料的重要线索。

（4）译作与原作

在图书类资源中，有一类常被忽视，那就是译作和原作。翻译研究需

---

① 王彦祥．专业论文集出版的利弊分析［J］．科技与出版，2013（3）：116-120．

以译作为原点进行问题探讨。这就需要译者详细阅读原作，领会原作的写作意图、语言特点，再结合译作进行对比阅读，并标记译者的翻译特点与问题，从而找到研究的切入点。在选择译作和原作时，要注意版本。如《简·爱》《苔丝》等名著，原著和译著均有多个版本，需要研究者谨慎选取。

二、学术期刊

期刊凭借其内容多样、刊载量大、时效性强等特征突破了图书内容丰富性和时效性方面的局限性，是研究者重要的参考资源。

期刊是指具有固定名称，用卷、期、年作为编号，以印刷方式复制，以纸质作为载体的连续出版物。对研究者而言，我们需要阅读和参考的是学术期刊。学术期刊不仅具有期刊的一般特征，同时与非学术期刊也有很大的差异。我国国家新闻出版广电总局在《关于规范学术期刊出版秩序促进学术期刊健康发展的通知》中对学术期刊进行了定义，即指经国家新闻出版行政主管部门批准，持有国内统一连续出版物号，领取期刊出版许可证，以刊载研究发现和创新成果的学术论文、文献为主的定期连续出版物。那么如何判定一本期刊是否是学术期刊，同时具有规范性呢？这份"通知"还进一步明确了学术期刊应符合的条件：

◇由科研教学机构、学术团体或具备学术出版能力的出版社、报刊社主办；

◇经国家新闻出版行政主管部门批准的办刊宗旨及业务范围明确为学术研究与交流等；

◇出版单位拥有相应的符合条件的学术编辑人员和其他必需的办刊条件；

◇刊发的学术论文、文献或在理论上有创新见解，或在实践中有创新应用，或具有重要的文化积累价值；

◇刊发的学术论文、文献具有严谨的格式规范；

◇执行严格规范的组稿、编辑、审稿和同行评议制度。

上述标准为判定一本期刊的学术性和规范性提供了可行的标准。对中文学术期刊而言，另外一个更为简便的方法就是可以在国家新闻出版广电总局公布的第一批（5756）和第二批（712）学术期刊名单中进行查证。

（一）选择期刊阅读的关键标准

确定一本期刊的规范性是我们选择学术期刊所迈出的第一步。那么接下来，我们就要提出更高的要求，也就是确定所选期刊的学术水平。为此，我们需要按照以下 4 条标准进一步缩小候选范畴，从而筛选出适合的目标期刊。

1. 核心期刊

在日常生活中，处处都离不开对事物的评判标准：外出旅游，我们青睐选择"5A 级"景区；好友就餐，我们会优先到访"米其林"餐厅；生病住院，我们更信赖"三甲"医院；升学进修，我们会首选"985""211"或"双一流"院校。一本学术期刊的水平在很大程度上表现为是否被认定为"核心期刊"。所谓"核心期刊"就是指某一学科含专业情报信息量大，质量高，能够代表专业学科发展水平并受到本学科读者重视的专业期刊。不同的评价体系对核心期刊的评选标准有所差异，因此本节将分别介绍中文和英文人文社科类核心期刊的遴选体系。

对中文人文社科类期刊来说，最为重要的就要数"中文核心期刊目录"和"中文社会科学引文索引"两大核心遴选体系。

"中文核心期刊目录"是由北京大学图书馆及北京十几所高校图书馆众多期刊工作者及相关单位专家参加的研究项目，项目研究成果以印刷型图书形式出版，因此又被简称为"北大核心"或"北核"。

"中文社会科学引文索引"（Chinese Social Sciences Citation Index，简称 CSSCI）由南京大学中国社会科学研究评价中心开发研制的数据库，用来检索中文社会科学领域的论文收录和文献被引用情况，因此又被简称为"南大核心""南核"或"C 刊"。

北核与南核两大评价体系依照公开、公平、公正且总量控制，动态调整的原则，结合定量（文献计量指标）评价与定性（学科专家）评价并保证质量优先，同时兼顾地区与学科平衡。因此所遴选的期刊在很大程度上有所重叠（即双核心期刊）。但是二者又存在一些差异，如北核每四年评选一次，而南核则每两年评选一次；南核除正刊外还会评选出扩展板（即C扩）和集刊；不同的高校和科研机构选取不同的评价体系对学术成果进行认定。

对英文人文社科类期刊而言，"社会科学引文索引"和"艺术人文引文索引"则是研究者需要关注的两大评价体系。

"社会科学引文索引"的英文全称为 Social Science Citation Index，简称SSCI。在对这一评价体系进行介绍前，我们就不得不了解科学引文索引，即 Scientific Citation Index（简称 SCI）。SCI 是由美国科学信息研究所（Institute for Scientific Information，简称 ISI）于 1961 年创建，主要收录文献的作者、题目、源期刊、摘要、关键词等，旨在从文献引证的角度评估文章的学术价值，并迅速方便地组建研究课题的参考文献网络。作为 SCI 的姐妹篇，SSCI 是目前世界上可以用来对不同国家和地区的社会科学论文的数量进行统计分析的大型检索工具，内容覆盖人类学、法律、经济、历史、地理、心理学等 55 个领域。

"艺术人文引文索引"的英文全称为 Arts & Humanities Citation Index，又被简称为 A&HCI。这一索引在专业上比较倾向于艺术类和人文社科类，主要收录涉及艺术、人文、语言、诗歌、音乐、古典文学、历史、东方研究、哲学、考古学、建筑、宗教、电视、戏剧和广播等内容的期刊。

2. 刊物出版周期

期刊出版通常具有节奏性，出版周期就是指出版物每年出版的频次，一般按照间隔由短到长的顺序可分为周刊、旬刊、半月刊、月刊、双月刊、季刊、半年刊和年刊。出版周期短、频次快的期刊通常能够更快地发表研究成果，更容易吸引更多的高质量论文。但是与此同时，期刊的出版周期也与影响因子、期刊年载文量等有着直接关系。对人文社科类学术期刊来说，除少数新闻出版类（如《中国出版》半月刊）或管理类（如《科技进步与对策》半月刊）外，多数期刊考虑到学术水平和来稿量，多为月刊、双月刊或季刊。

3. 主办单位

期刊主办单位的资质和实力也在很大程度上影响着期刊的质量。在我国，人文社科类学术期刊的主办单位一般由科研机构、高等院校和学会协会等学术团体等3类构成。

首先，由国家和各地的社会科学院和社会科协联合会等科研机构主办的学术刊物一般以《××社会科学》《××学刊》等来命名。如《中国社会科学》《北京社会科学》《浙江学刊》等此类期刊主要刊登马克思主义理论、哲学、经济学、政治学、法学、社会学、历史学、教育学、文学、语言学等学科以及跨学科研究成果。

其次，由高等院校主办的人文社科类学术刊物一般以《×××大学》（社会科学版）命名，如《北京师范大学学报》（社会科学版）、中山大学学报（社会科学版）等。但这里需要注意，很多院校学报的社会科学版为了办出特色，并非所有的人文社会科学研究成果都进行收录。

最后，由学会协会主办的刊物的命名通常各异，不具一般性特征。这类刊物通常主题明确、专业性强。

4. 影响因子

影响因子是指一本期刊前两年发表的可被引文献在统计年的被引用总次数与该期刊在前两年内发表的可被引文献总量之比。作为学术期刊评价所参考的重要指标，影响因子的高低说明了这个期刊在某一领域的影响力，一定程度上反映出一个期刊的质量水平。影响因子又可以细分为"复合影响因子"和"综合影响因子"两类。前者是以期刊综合统计源文献、硕博士学位论文统计源文献、会议论文统计源文献为复合统计源文献计算。而后者则主要是指文理科综合，是以科技类期刊及人文社会科学类期刊综合统计源文献计算。简言之，复合影响因子包括硕博士论文、会议论文、期刊引用的次数计算，而综合影响因子只包括期刊引用的次数计算。通常来讲，我们日常所指的影响因子就是复合影响因子。

中文期刊的影响因子可以通过"中国知网"进行查询，具体方式将在第五章具体论述。但需要注意，虽然影响因子是衡量期刊的重要指标，但是对其进行参考时还需考虑到很多其他的因素。如文和理之间的区别，由于研究范式上的差异，一些"理科"类的学术期刊的影响因子往往很高，如 Nature 高达 40.137，Science 为 41.037，这是绝大多数"文科"期刊所难以企及的。即使在"文科"的自身范围内也存在着学科间的差异。我们所说的"文科"其实是"人文科学"和"社会科学"的统称。人文科学原指同人类利益有关的学问，现包括哲学、政治学、历史学、文艺学、艺术学等。而社会科学则是指以社会现象为研究对象的科学，包含经济学、法学、教育学、语言学、社会学等在内。国内很多社会科学类期刊的影响因子都很高，如《经济研究》为 11.524、《法学研究》为 9.333、《社会学研究》为 6.968。而《哲学研究》《文艺学研究》《历史研究》等人文科学领域权威期刊的影响因子则与之相去甚远。

综上所示，从事学术研究，我们应围绕那些被遴选为核心期刊，且由科研机构、高校或专业学会出版，出版周期以月刊、双月刊或季刊为主，同时影响因子高的学术期刊进行参考。我们不能否认，不满足上述标准的期刊就一定不是优质的期刊，但是上述标准为期刊的选择设置了门槛，能够在一定程度上保证研究的学术水平。

（二）国内外翻译研究刊物

对刊载翻译研究论文的期刊有所了解，不仅有助于读者选择适合的期刊进行阅读；同时也为研究成果的目标期刊确定有极大的帮助。在这一小节，我们将以出版地为分类标准，逐一就国内外重要翻译研究期刊进行介绍。

1. 国内学术期刊

国内刊载翻译研究的期刊主要可分为翻译类专业学术期刊、外语类学术期刊和港澳台地区学术期刊三类。

（1）翻译类专业学术期刊

目前，我国的翻译类专业学术期刊的建设已初具规模，形成了以传统三大刊为代表，新兴期刊百家争鸣的局面。

我国翻译研究三种传统刊物为《中国翻译》《上海翻译》和《中国科技翻译》。

《中国翻译》（*Chinese Translators Journal*）原名《翻译通讯》，于 1980 年公开发行。1982 年，中国翻译工作者协会（现中国翻译协会）成立，《翻译通讯》成为中国翻译工作者协会会刊，后改为《中国翻译》。作为我国译界学术水平最高、最具权威性的期刊，《中国翻译》秉承理论与实践并重的办刊宗旨，关注理论前沿，贴近翻译实践，促进翻译教学，报道行业发展态势，加强编辑与读者的互动交流，以满足业界不同层次读者的需求。

《上海翻译》（*Shanghai Journal of Translators*）原名《上海科技翻译》，创刊于 1986 年，其办刊宗旨就在于探讨翻译理论，传播译事知识；总结翻译经验，切磋方法技巧；广纳微言精理，侧重应用翻译；把握学术方向，推动翻译事业。

《中国科技翻译》（*Chinese Science & Technology Translators Journal*）于 1988 年创刊。作为由中国科学院主管，中国科学院科技翻译工作者协会主办的基础科学综合类学术期刊，《中国科技翻译》力图实现理论研究与实践相结合，注重翻译行业的实践性，反映翻译工作者探索科技翻译理论和从事翻译研究与实践的新成果，提高译者的科技翻译水平，促进机器翻译研究与应用，报道科技翻译教学与研究经验、辅导科技翻译自学。

除上述三种传统刊物外，《东方翻译》《民族翻译》等综合类翻译期刊也在近些年推出，并且收获了良好的业界口碑。此外，《翻译界》《翻译论坛》等则通过以书代刊的形式出版，同样成为翻译研究交流的重要学术平台。国内翻译类专业学术期刊的具体信息如表 10 所示。

表 10 国内翻译类专业学术期刊的具体信息

期刊名称	数据库收录	主办单位	出版周期	期刊特色	投稿方式
中国翻译	PKU①, CSSCI	中国翻译协会	双月刊	翻译研究综合类期刊，兼顾理论与实践	网站
上海翻译	PKU，CSSCI	上海市科技翻译学会	双月刊	翻译研究综合类期刊，兼顾理论与实践	网站
中国科技翻译	PKU	中国科学院科技翻译工作者协会	季刊	注重翻译实践，文章篇幅较短	邮箱
语言与翻译	CSSCI	新疆维吾尔自治区民族语言文字工作委员会	季刊	有翻译理论与实践栏目	邮箱
东方翻译	停刊	上海市文艺期刊中心	双月刊	翻译研究综合类期刊，兼顾理论与实践	网站
民族翻译		中国民族语文翻译局	季刊	侧重少数民族特色翻译研究	邮箱
翻译界		北京外国语大学	半年刊	翻译研究综合类期刊，兼顾理论与实践	网站
翻译研究与教学		上海科学普及出版社	半年刊	翻译研究综合类期刊，兼顾理论与实践	邮箱

---

① PKU 是北大核心

期刊名称	数据库收录	主办单位	出版周期	期刊特色	投稿方式
翻译论坛		江苏省翻译协会	季刊	翻译研究综合类期刊，兼顾理论与实践	邮箱
翻译与传播		北京语言大学	不详	翻译与传播作为研究重点	邮箱
翻译教学与研究		四川外国语大学	年刊	翻译研究综合类期刊，兼顾理论与实践	邮箱
亚太跨学科翻译研究		广西大学	半年刊	翻译研究综合类期刊，兼顾理论与实践	邮箱

（2）外语类专业学术期刊

作为外语研究的重要方向，翻译研究成果的刊发平台不仅受到翻译类专业刊物的欢迎，同时也受到外语类专业学术期刊的欢迎。以国内外国语言学类权威期刊《外语教学与研究》和《外国语》为例，这两本刊物不仅常设翻译研究栏目，同时在发文的篇幅占比方面也与语言学和文学形成"三分天下"的局面。但是在这里需要说明，并非所有的外语类专业刊物都刊登翻译研究论文。一些刊物具有办刊特色，如《现代外语》专注语言学与应用语言学专业性研究；《外语界》以刊登外语教学与科研最新成果和动态、外语教学理论、交流外语教学与改革经验等方面的研究为主。虽然会接收翻译方向的文章，但也多为翻译教学方向。国内刊发翻译研究的外语类专业学术期刊具体信息如表 11 所示：

表 11　国内外语类专业学术期刊的具体信息

期刊名称	数据库收录	主办单位	出版周期	期刊特色	投稿方式
外语教学与研究	PKU，CSSCI	北京外国语大学	双月刊	设有翻译研究板块，每期刊登 2~3 篇文章	网站
外国语	PKU，CSSCI	上海外国语大学	双月刊	设有翻译研究板块，每期刊登 4~5 篇文章	网站
中国比较文学	PKU，CSSCI	上海外国语大学	季刊	设有翻译研究板块，每期刊登 3 篇左右译介学方向文章	网站
中国外语	PKU，CSSCI	高等教育出版社	双月刊	设有纵横论译栏目，每期刊登 2~3 篇文章	网站
外语教学	PKU，CSSCI	西安外国语大学	双月刊	设有翻译研究板块，每期刊登 3~4 篇文章	网站
外语教学理论与实践	PKU，CSSCI	华东师范大学	季刊	设有翻译研究板块，每期刊登 2~3 篇文章	网站
外语与外语教学	PKU，CSSCI	大连外国语大学	双月刊	翻译研究板块非常设栏目	网站
外语电化教学	PKU，CSSCI	上海外国语大学	双月刊	设有翻译学研究板块，侧重翻译技术研究	网站
外语研究	PKU，CSSCI	中国人民解放军国际关系学院	双月刊	设有翻译研究板块，每期刊登 4 篇左右文章	网站
外语学刊	PKU，CSSCI	黑龙江大学	双月刊	设有翻译研究板块，每期刊登 4~5 篇文章	网站
解放军外国语学院学报	PKU，CSSCI	解放军外国语学院	双月刊	设有翻译研究板块，每期刊登 2~3 篇文章	网站

期刊名称	数据库收录	主办单位	出版周期	期刊特色	投稿方式
西安外国语大学学报	CSSCI	西安外国语大学	季刊	设有翻译理论与实践栏目，每期刊登 5~6 篇文章	网站
外国语文	PKU	四川外国语大学	双月刊	设有翻译研究板块，每期刊登 3~4 篇文章	网站

由于篇幅所限，笔者仅对"核心类"外语类专业期刊信息进行了列举。但是很多"非核心"的刊物也具有很高的学术水准。如大连外国语大学主办的《语言教育》、上海交通大学主办的《当代外语研究》、山东师范大学主办的《山东外语教学》、中南大学主办的《外语与翻译》、河南大学主办的《外文研究》、福建师范大学主办的《外国语言文学》《北京第二外国语学院学报》《天津外国语大学学报》等也是翻译研究者参考的重要资料。

（3）港澳台地区学术期刊

相较于中国大陆，港澳台地区的翻译专业建设起步较早。以香港为例，香港中文大学、香港理工大学、岭南大学和浸会大学等高校都已经形成了完备的本、硕、博培养体系，并且不同院校的翻译研究不仅具备自身特色，同时还涌现出了一大批在国际拥有较高学术声望的代表性学者。与此同时，翻译专业学术期刊也得到了很好的发展。但是这里需要说明，多数港澳台地区的学术期刊接受中文或英文撰写的文章，但是要以繁体中文提交，主要期刊的具体信息如表12所示。

表 12　港澳台地区翻译类专业学术期刊的具体信息

期刊名称	主办单位	出版周期	期刊特色	投稿方式
翻译季刊	香港翻译学会	季刊	翻译研究类综合期刊，中英文稿件均可	网站
翻译学报	香港中文大学	半年刊	翻译研究类综合期刊，中英文稿件均可	邮箱
翻译科技学报	香港中文大学	不详	专注翻译技术研究，中英文稿件均可	邮箱
编译论丛	台湾教育研究院	半年刊	翻译研究类综合期刊，中英文稿件均可	邮箱
广义	台湾政治大学南京大学	半年刊	翻译研究类综合期刊，中英文稿件均可	邮箱

2. 国外期刊

当全球一体化的发展驱使下，各行各业都有了新的发展目标，即拥有了国际化视野。对学术研究来说，国际化同样是大势所趋。阅读国际领域知名的翻译研究学术刊物不仅能够开阔我们的研究视野，同时还能够学习先进的研究方法，从而促进国内译学事业的发展。相较于"理科"而言，由于语言、文化、意识形态等方面的阻碍，人文学科研究的国际化进程发展较为缓慢。随着我国对外交往的不断加深，国内学者已经不满足于将国际翻译研究成果"引进来"，同样还对成果的"走出去"做出了大量工作。赵刚和姜亚军对 1995 年到 2004 年间华人学者在国际翻译研究刊物上发表论文进行了统计，调查显示不仅发文总量有限，同样作者也较为集中①。但是这种局面很快就得到了改观。侯羽和杨金丹通过对 2005 年到 2013 年

---

① 赵刚，姜亚军. 中国译学研究的国际化——华人学者在国际翻译研究刊物上发表论文的调查及启示 [J]. 国外外语教学，2007（4）：46-52.

间华人学者在 11 个国际权威翻译期刊上发表英文文章统计发现，不仅发文总量较之前有了显著地提升、同时在题材分布、研究方法等方面都实现了突破①。谁能够在国际学术舞台掌握话语权，谁就有拥有了真正的权利。因此，阅读国际知名翻译研究学术期刊，并实现研究成果的国际化发表也是研究的重要一环。为此，笔者主要筛选了 SSCI 和 A&HCI 来源期刊中的翻译研究刊物，对其基本信息进行介绍，由于篇幅所限，读者若感兴趣可自行上网对具体期刊的信息进行查阅。（注：ESCI，即 Emerging Sources Citation Index，是为了更好地维护 SCI 检索的权威，将办的比较好的期刊先行收录。）

表 13　国外翻译类专业学术期刊的具体信息

期刊名称	数据库收录	期刊特色
Translator	SSCI，A&HCI	翻译研究类综合期刊
Babel	SSCI，A&HCI	翻译研究类综合期刊，英法双语为主
Interpreter and Translator Trainer	SSCI，A&HCI	专注口笔译教学研究
Target	SSCI，A&HCI	翻译研究类综合期刊
Translation Studies	SSCI，A&HCI	翻译研究类综合期刊，关注跨学科研究
Interpreting	SSCI，A&HCI	口译研究类综合期刊
Across Languages and Cultures	SSCI，A&HCI	翻译研究类综合期刊
Linguistica Antverpiensia，New Series	SSCI，A&HCI	翻译研究类综合期刊
Translation and Interpreting Studies	SSCI，A&HCI	翻译研究类综合期刊
Journal of Specialised Translation	SSCI，A&HCI	每期有特定主题

---

① 侯羽，杨金丹. 中国译学研究成果"走出去"现状分析——基于华人学者在 11 个国际权威翻译期刊上发表英文文章的情况（2005～2013）［J］. 解放军外国语学院学报，2016（1）：27-35.

期刊名称	数据库收录	期刊特色
Perspectives	A&HCI	翻译研究类综合期刊
Meta	A&HCI	翻译研究类综合期刊
Translation and Literature	A&HCI	专注文学翻译研究
Translation Review	A&HCI	翻译研究类综合期刊
Translation Spaces	ESCI	翻译研究类综合期刊
Machine Translation	ESCI	翻译技术研究专刊

（三）学术期刊阅读主线策略与学习要点

通过上文我们首先知晓了如何选择一本规范的期刊，随后又明确了如何筛选出高水平的期刊，然后又对国内外重要的翻译研究刊物有了初步了解。那么接下来，我们就将深入期刊的内部，为大家讲解如何利用期刊来提升自身的研究能力。

1. 学术期刊阅读的主线策略

（1）以来源为主线——选定目标期刊

目标期刊就是符合研究者自身研究方向并满足研究需求的期刊。面对海量的学术期刊，盲目的阅读会浪费大量的时间与精力，因此应该及早找准靶向，确定目标。在兼顾理论与实践办刊宗旨的同时，国内外的翻译学术期刊也办出了特色。如想进行翻译理论方面的研究，就应多加关注《中国翻译》和《上海翻译》的理论探讨栏目；如想从事应用型翻译实践研究就应多阅读《中国科技翻译》或《中国翻译》和《上海翻译》的自学之友栏目。具体来说，研究者应根据自身的研究水平、研究方向锁定 2~3 本重要期刊进行广泛性阅读和详细性阅读。所谓广泛性阅读就是浏览期刊每一期的目录，对研究话题有初步的了解；详细性阅读则需要对每期自己感兴趣或与自己研究方向密切相关的文章进行精读。选定目标期刊不仅能够为研究提供充足的资料保障，而且通过了解期刊的文章体例、用稿倾向和语言风格可以为投稿奠定基础。

（2）以作者为主线——锁定领军学者

领军学者就是指在某一特定研究领域研究成果突出的学者。那么如何寻找自己研究领域的领军学者呢？通过文献检索与阅读，我们会锁定那些研究成果丰硕，且论文下载率和被引率都很高的作者。如进行翻译技术研究，你就会发现大多数的重量级学术论文都出自广东外语外贸大学王华树博士之手，同时他的论文被引率也在这一领域名列前茅。领军学者作为业界标杆，不仅研究成果体现业界前沿，同时质量也能得到保证。通常，一位学者在一段时期内的学术研究都会具有连续性和专注性特征。因此，在确定研究方向后，及时找到领军学者并对其成果进行跟踪性阅读能够对专业知识有更为系统的了解，并及时获取权威观点。

（3）以内容为主线——追踪特定话题

追踪特定话题尤其适用于学位论文的撰写。无论是本科学位论文还是博士学位论文，都需要作者花费数月甚至数年来完成。很多学者通常在开题时搜集了大量的资料，并撰写了详细的文献综述。但是之后就置之一边，开始投入论文主体的撰写工作。这里就存在一个问题，学术研究是一个不断发展的过程，因比文献的搜集也不是一项一劳永逸的工作。作者需要在论文写作过程中定期以研究话题为线索，及时补充最新文献。这不仅可以使自己的研究始终保持前沿，同时还有助于及时修正研究方向。

2. 期刊论文的学习要点

（1）借鉴研究框架

在学术研究的初期阶段，最为有效的办法就是模仿。但模仿并不等同于抄袭，而是在前人研究的基础上进行创新，进而产出具有特色的原创性成果。我们可以学习期刊论文的整体性研究框架。比如笔者在广泛阅读时，发现《上海翻译》于 2014 年第 4 期刊发了一篇名为《视译教材的编写：现状与问题》文章。结合硕士阶段翻译研究方法课程的学习经历，笔者发现翻译研究方法虽然已普遍在国内高校进行开设，但是作为课程配套的建材建设却未引起学者的足够重视。于是笔者就决定参考这篇文章的研究框架对翻译研究方法教材进行评述。最终这篇名为《翻译研究方法教材的编写：现状、问题与对策》的文章最后发表在《北京教育学院学报》2015年第4期上，通过选取6种翻译研究方法教材，对其内容设置、教材编写的局限进行了分析，随后提出了相应解决对策。不仅期刊论文间可以相互借鉴和模仿，期刊论文同样可以为学位论文提供参考。参考那些逻辑缜密、内容翔实的期刊论文的研究框架并进行扩充，我们就可以大致勾勒出学位论文的框架。如王岫庐发表在《中国翻译》2014年第4期的文章《译者文化态度的多歧性及其对翻译过程的影响》认为，译者的文化态度是一个复杂的、动态建构而成的多元认同。对译者文化态度多歧性的分析为理解翻译过程的复杂性提供了一个重要视角。在文章中，她从译者文化态度与翻译选材、有译者文化态度与翻译策略和译者文化态度与翻译副文本等三方面进行了阐释。这篇文章不仅具有理论深度，同样还具有很强的可操作性。因此，闫岩的《葛译<呼兰河传>中译者文化态度多歧性研究》一文就以此为基础形成了硕士论文框架，对葛浩文所译的《呼兰河传》所呈现的文化态度进行了分析。

（2）参考研究方法

除了整体研究框架方面的参考外，优质学术论文所运用的研究方法与工具同样也是我们学习的对象。如在研究工具方面：《国内翻译意识形态研究（1998-2018）》使用文献检索与管理系统NoteExpress对知网收录的翻译意识形态研究论文制作和生成相应可视化数据，结合定性分析法对研究热点进行了系统梳理①。在数据库应用方面：《21世纪国外机器翻译译后编辑实证研究》一文就基于"翻译研究文献目录"和"机器翻译档案馆"两大数据库，对译后编辑过程及产品评估、译后编辑效率影响因素、

---

① 李志丹. 国内翻译意识形态研究（1998-2018）——基于NoteExpress的可视化分析[J]. 上海翻译，2020（2）：39-45.

译后编辑工具与译后编辑者及人才培养等问题进行了探讨①。

（3）拓展研究资料

很多研究新手苦恼于一个问题，不知道看文献从何处入手。针对这一问题，阅读高质量的学术论文就可以解决。参考文献，尤其是当前电子化的引文将一篇篇独立的论文链接起来。通过一篇论文的阅读，结合文内引文与参考文献，就可以拓展出其他的研究，如此不断向外展开就会形成这一领域的知识网。此时，不用问别人，你自己就知道这一领域的领军人物、重点研究基地分别都是哪些。例如，在翻阅期刊时偶然发现了一篇名为《"译者行为批评"视域下的<极花>英译本述评》的论文。这项研究使用了"译者行为批评"的框架。对这一话题你并不熟悉，但很感兴趣。于是通过文内理论框架部分引文锁定到了"周领顺"这位学者。随后，你以"周领顺"为检索词，发现他在近些年发表了大量的相关论文，并出版了《译者行为批评：理论框架》和《译者行为批评：路径探索》两本专著。在阅读资料时，你又在相关文献中发现了理论来源……如此，你便掌握了一个新的理论，同时也完成了研究资料拓展的整个流程。

三、学术搜索引擎

所谓搜索引擎，就是根据用户需求与一定算法，运用特定策略从互联网检索出特定信息反馈给用户的一门检索技术。在当今的互联网时代，我们可以通过百度、必应、谷歌等搜索引擎查询海量信息，极大便利了我们的日常生活。但是对于学术研究而言，我们就要选用更为专业的学术引擎来获取所需信息。

（一）中文图书搜索引擎——读秀

读秀是由海量全文数据及资料基本信息组成的超大型数据库。其以

---

① 王湘玲，贾艳芳. 21 世纪国外机器翻译译后编辑实证研究［J］. 湖南大学学报（社会科学版），2018（2）：82-87.

430 多万种中文图书、10 亿页全文资料为基础，为用户提供深入内容的章节和全文检索，部分文献的原文试读，以及高效查找、获取各种类型学术文献资料的一站式检索，周到地参考咨询服务，是一个真正意义上的学术搜索引擎及文献资料服务平台。

1. 读秀的基本功能

读秀的界面十分简洁，与百度等搜索引擎并无差别。用户可以选择知识、图书、期刊、报纸、学位论文、会议论文、音视频、文档等进行中文或外文检索。

2. 读秀的图书检索方法

点击读秀页面的"图书"按钮，我们可以按照书名、作者、主题词、丛书名或目次进行检索，同样也可选择"全部字段"进行模糊搜索。

我们以"书名"作为检索依据，输入所要检索的书名。该书的作者、出版日期、页数、丛书名、简介等信息都被列出。

3. 读秀的图书试读方法

点击"部分阅读"，就会出现该书的"目录"与部分"正文"。

4. 读秀的图书传递方法

如果用户需要该书正文的其他部分内容，可以点击"图书馆文献传递"按钮，随后进入到图书馆参考咨询服务页面。可以参考"目录"填写需要的咨询单范围（不超过该书总页码的 20%，最多不超过 50 页），邮箱地址、验证码等信息，然后点击"确认提交"按钮。

需要注意的是：

◇图书传递仅供本人用于学习研究，严禁将所获得的文献提供给非合法用户以及利用获得的文献资料进行非法牟利；

◇有时邮件会被误判为垃圾邮件；

◇咨询有效期为 20 天。

（二）中文期刊论文搜索引擎——中国知网

国家知识基础设施（National Knowledge Infrastructure，NKI）的概念由世界银行《1998 年度世界发展报告》提出。中国知识基础设施（China National Knowledge Infrastructure，CNKI）工程是以实现全社会知识资源传播共享与增值利用为目标的信息化建设项目，由清华大学、清华同方联合发起，始建于 1999 年 6 月。CNKI 工程集团经过多年努力，采用自主开发并具有国际领先水平的数字图书馆技术，建成了世界上全文信息量规模最大的"CNKI 数字图书馆"，并正式启动建设《中国知识资源总库》及 CNKI 网格资源共享平台，通过产业化运作，为全社会知识资源高效共享提供最丰富的知识信息资源和最有效的知识传播与数字化学习平台。

CNKI 工程的具体目标：一是大规模集成整合知识信息资源，整体提高资源的综合和增值利用价值；二是建设知识资源互联网传播扩散与增值服务平台，为全社会提供资源共享、数字化学习、知识创新信息化条件；三是建设知识资源的深度开发利用平台，为社会各方面提供知识管理与知识服务的信息化手段；四是为知识资源生产出版部门创造互联网出版发行的市场环境与商业机制，大力促进文化出版事业、产业的现代化建设与跨越式发展。

1. 知网的基本功能

知网的功能非常丰富，同时也十分繁杂。鉴于篇幅所限，本书将只介绍最基本的功能。打开中国知网页面，最为显著的就是中间的检索框。用户可以按照不同检索条件，在学术期刊、学位论文、会议、报纸等分库中进行检索。

2. 知网的学术论文检索与下载方法

（1）普通检索

知网默认的是以主题进行检索，即在标引出来的主题字段中进行检索，该字段内容包含一篇文章的所有主题特征，同时在检索过程中嵌入了专业词典、主题词表、中英对照词典、停用词表等工具，并采用关键词截断算法，将低相关或微相关文献进行截断。用户同样可以按篇名、作者等信息进行检索。例如，我们在检索框中输入"生态翻译"，以主题词为线索，点击"放大镜"按钮，就出现了相关检索结果。

检索出来的结果默认按照"发表时间"进行排序，用户同样可以选择按照"相关度""被引"或"下载量"排序。点击检索到的任意一篇文章，便出现该论文的详细信息页面。

这一页面进一步提供了更加细节的信息，如作者、作者单位、论文摘要、关键词、目录和参考文献等信息。如想进一步阅读，用户可选择HTML 阅读，若想下载可选择 CAJ 或 PDF 两种格式。

（2）出版物检索

在知网首页选择出版物检索，我们就可以以刊物为线索进行查阅。我们以刊名为检索依据，输入"上海翻译"，便出现该期刊详细信息页面。

在这一页面提供了这本刊物的很多信息，如曾用刊名、主办单位、出版周期、ISSN、CN 号等。用户同样可以利用这一功能查阅期刊是否被收录为北大核心期刊或 CSSCI 期刊，以及期刊的影响因子等内容。

用户点击期刊信息下方的期刊浏览，可以按年份与期号浏览每期刊载的论文。

（3）高级检索

除普通检索外，知网还提供了高级检索功能。用户可以利用不同的检索依据，结合"and""or"或"not"功能进一步缩小和精准检索结果。

3. 知网的文献可视化分析工具

知网还提供了"文献计量可视化分析工具"（又称"知识图谱"）。相较于传统的文献分析方法，知识图谱通过可视化技术可以对科学知识的发展进程及结构关系进行直观、定量的描述。

在进行文献检索后，在页面"导出与分析"按钮中选择"可视化分析"，用户可以选择对全部检索结果或已选结果进行分析。这一页面对检索结果的总体研究趋势、分布等信息绘制出了量化图表，可供研究者进行参考。

4. 知网的参考文献格式生成功能

知网还提供了文献导出功能，能够规范、便利我们的参考文献写作。例如，以"葛浩文"为检索词，我们选择对《莫言英译者葛浩文翻译中的"忠实"与"伪忠实"》这一文献进行导出，可按需要选择文献格式。

◇GB/T 7714-2015 格式引文

邵璐. 莫言英译者葛浩文翻译中的"忠实"与"伪忠实"[J]. 中国翻译，2013，34（3）：62-67.

◇APA 引文格式

邵璐. （2013）. 莫言英译者葛浩文翻译中的"忠实"与"伪忠实". 中国翻译（3），62-67.

◇MLA 引文格式

邵璐. 莫言英译者葛浩文翻译中的"忠实"与"伪忠实". 中国翻译 34.3（2013）：62-67.

需要注意的是，知网导出的文献格式有可能在细节存在部分问题，需要进一步修改。但是能够保证作者、文献名、期刊名、年份、期数、页码等信息的准确性。

5. 知网的翻译助手功能

不同于一般的英汉互译工具，知网翻译助手汇集从知网数据库中挖掘整理出的 800 余万常用词汇、专业术语、成语、俚语、固定用法、词组等中英文词条以及 1500 余万双语例句、500 余万双语文摘，形成海量中英在线词典和双语平行语料库。数据实时更新，内容涵盖自然科学和社会科学的各个领域。

知网翻译助手的页面十分简洁。在搜索框中输入想要查询的内容，点击搜索，便在页面上出现搜索结果。这一页面给出了多种翻译结果，我们可以依次点击查询翻译结果的来源。从中再根据使用频次、期刊水平、作者背景等因素确定最终的翻译结果。

（三）英文学术研究搜索引擎——百度学术

百度学术于 2014 年 6 月上线，是百度旗下的免费学术资源搜索平台，致力于将资源检索技术和大数据挖掘分析能力贡献于学术研究，优化学术资源生态，引导学术价值创新，为海内外科研工作者提供最全面的学术资源检索和最好的科研服务体验。

百度学术收录了包括知网、维普、万方、Elsevier、Springer、Wiley、NCBI 等在内的 120 多万个国内外学术站点，索引了超过 12 亿学术资源页面，建设了包括学术期刊、会议论文、学位论文、专利、图书等类型在内的 4 亿多篇学术文献，成为全球文献覆盖量最大的学术平台。在此基础上，百度学术构建了包含 400 多万个中国学者主页的学者库和包含 1 万多个中外文期刊主页的期刊库。以强大的技术和数据优势，为学术搜索服务打下了坚实的基础，目前每年为数千万学术用户提供近 30 亿次服务。

1. 百度学术的基本功能

百度学术的界面和百度搜索并无区别，用户可以直接在搜索栏进行输入。

百度学术目前提供以下两大类服务：

学术搜索：支持用户进行文献、期刊、学者 3 类内容的检索，并支持高校和科研机构图书馆定制版学术检索。

学术服务：支持用户"订阅"感兴趣的关键词、"收藏"有价值的文献、对所研究的方向做"开题分析"、进行毕业论文"查重"、通过"单篇购买"或者"文献互助"的方式获取所需文献、在首页设置常用数据库方便直接访问。

2. 百度学术的英文学术研究检索与下载方法

按照主题词进行检索，此页面提供了这篇论文如期刊名、被引量、摘要、关键词、DOI 号等具体信息。作者可通过页面提供的"全部来源"选择适合的链接进行全文下载。

3. 百度学术的参考文献格式生成功能

点击"引用"按钮，百度学术提供 GB/T7714、MLA、APA 等几种主流参考文献格式。但是需要注意的是，引文信息的准确性和完整性还需作者进一步核实。

四、研究辅助工具

在当今社会，学术研究不仅在研究方法、研究内容方面呈现出技术化倾向，同时在文献搜集与整理方面也有赖于技术的辅助。为此，一些科研辅助软件的恰当使用，不仅能够便利学者们的学术研究，同时也会催生新的研究成果。

（一）可视化知识图谱分析工具——CiteSpace

在当今大数据时代，人工梳理文献之间的联系不仅难以全面覆盖、同样还会忽视很多细节。因此如何在海量文献当中找出值得精读、细读的关键文献，挖掘学科前沿，找到研究热点就成了开展研究之前首先需要解决的问题。CiteSpace 作为一款优秀的文献计量学软件，能够将文献之间的关系以科学知识图谱的方式可视化地展现在学者面前，既能帮助学者梳理过去的研究轨迹，也能使得学者对未来的研究前景有一个大概的认识。CiteSpace 又翻译为"引文空间"，由陈超美教授研发，是在科学计量学、数据可视化背景下逐渐发展起来的引文可视化分析软件。由于是通过可视化的手段来呈现科学知识的结构、规律和分布情况，因此也将通过此类方法分析得到的可视化图形称为"科学知识图谱"。

目前国内有很多学者借助这一软件进行文献综述撰写，很大程度上弥补了传统文献综述的不足，实现了定性研究与定量研究的结合。

CiteSpace 的操作较为复杂，难以以本书篇幅详细向读者进行展示。对于 CiteSpace 的原理和操作，可参考科学出版社出版的《CiteSpace：科技文本挖掘及可视化》和《引文空间分析原理与应用：CiteSpace 实用指南》两本图书。对于 CiteSpace 的研究应用则可以借鉴使月这一软件进行研究并发表的相关论文，借鉴他人的研究方法、数据库和分析步骤等。

（二）文献管理工具——知网研学

论文写作的过程往往要搜集海量的文献资料，如何对这些文献进行系统的管理并高效地利用就成了很多令学者头疼的问题。为此，我们在学习和研究的过程中可以有意识地使用一些文献管理工具来便捷我们的研究。常用的软件有 EndNote、NoteFirst、NoteExpress、Mendeley、Zotero 等。它们都有各自的特点，可以按需选择。在本节，笔者将介绍善于中文文献管理的工具——知网研学。

知网研学平台是在提供传统文献服务的基础上，以云服务的模式，提供集文献检索、阅读学习、笔记、摘录、笔记汇编、论文写作、个人知识管理等功能为一体的个人学习平台。平台提供网页端、桌面端（原 E-Study，Windows 和 Mac）、移动端（iOS 和安卓）和微信小程序，多端数据云同步，满足学习者在不同场景下的学习需求。知网研学具有以下九大功能：

1. 一站式阅读和管理平台

支持多类型文件的分类管理，支持目前全球主要学术成果文件格式，包括：CAJ、KDH、NH、PDF、TEB 等文件的管理和阅读。新增图片格式文件和 TXT 文件的预览功能。支持将 WORD、PPT、TXT 转换为 PDF。

2. 知识深度学习

支持在线阅读，运用 XML 碎片化技术，实现全文结构化索引、知识元智能关联，提供强大的原文编改工具，深化研究式阅读体验。

3. 深入研读

支持对学习过程中的划词检索和标注，包括检索工具书、检索文献、词组翻译、检索定义、Google Scholar 检索等；支持将两篇文献在同一个窗口内进行对比研读。

4. 记录数字笔记

支持将文献内的有用信息记录笔记，并可随手记录读者的想法、问题和评论等；支持笔记的多种管理方式：包括时间段、标签、笔记星标；支持将网页内容添加为笔记。

5. 文献检索和下载

支持 CNKI 学术总库、CNKI Scholar、CrossRef、IEEE、Pubmed、ScienceDirect、Springer 等中外文数据库检索，将检索到的文献信息直接导入到专题中；根据用户设置的账号信息，自动下载全文，不需要登录相应的数据库系统。

6. 支持写作与排版

基于 WORD 的通用写作功能，提供了面向学术等论文写作工具，包括：插入引文、编辑引文、编辑著录格式及布局格式等；提供了数千种期刊模板和参考文献样式编辑。

7. 在线投稿

撰写完排版后的论文，作者可以直接选择要投稿的期刊，即可进入相应期刊的作者投稿系统进行在线投稿。

8. 云同步

Web 端、桌面端（Windows/Mac/iPad）、移动端上实现三端专题数据实时同步。只要一个 CNKI 账号，你就可以同步在电脑或手机上创建专题、管理收藏的文献，随时随地畅享好文献。

9. 浏览器插件

支持 chrcme 浏览器、opera 浏览器；支持将题录从浏览器中导入、下载到知网研学（原 E-Study）的指定专题节点中；支持的网站：中国知网、维普、百度学术、Springer、Wiley、ScienceDirect 等。

鉴于篇幅所限，关于知网研学的具体功能操作，读者可参考 Bilibili 知网研学账号发布的讲解视频。

第五章

翻译研究论文写作的实施步骤

明确了学术论文的类型、构成要素与参考学术资源后，我们便着手开始进入写作流程了。一幢摩天大楼无法平地而起，论文写作同样如此。在本章中，笔者将论文写作流程与盖楼进行了类比，分别对选题论证、资料收集、提纲确立、内容撰写、后续修改等不同环节需要注意的问题进行解答。并附上笔者所撰写的学士、硕士和博士论文，对每部分的写作思路进行示例。

一、打地基——话题选取与论证

作为建筑物的基础，地基主要作用在于维护建筑物安全、保障正常使用而不遭到破坏。地基的牢固与否直接关系到建筑的质量。对于论文写作而言，选题是研究的初始步骤，直接决定着研究方向、研究质量以至于研究能否得以顺利进行，需要学者用心论证。

（一）论文选题的原则

对于新手研究者来说，常常苦难于一个问题，即不知道写什么，不知道什么值得研究。针对这一现象，高校的学位论文要求为我们提供了一些参考。

◇选择有一定理论和实践意义的课题；

◇课题要具有先进性，便于研究生提出新问题；

◇课题分量和难易程度要适当，能在一年内完成，特别是对实验条件要有恰当的估计；

◇要结合导师的科研任务进行选题。

从上述 4 条原则中，我们可以总结出选题来源，即来自导师或自己选题。我们首先需要讨论一下这两种选题方式各自的优缺点。

1. 导师选题

导师作为研究生阶段重要的指导者，对某一学科领域的前沿问题一定有着较为深刻的了解，同时对学生的写作时间、流程、完成度等信息都会有较为丰富的经验。导师给学生提供选题的优点在于，选题一定是经过导师的深入思考，有一定科学保障。尤其是结合导师正在从事的科研项目，能够形成科研团队，师生间可相互沟通交流。如果在研究的过程中遇到困难，也可向导师和同学进行求助，共同商讨。但是这种选题方式的缺点在于，"命题作文"有时并不是研究生所擅长或感兴趣的领域，在研究过程中会表现得较为被动。

2. 自我选题

这种选题方式的优点在于发挥了学生的自主性，满足了兴趣原则，能够调动研究的积极性。但是缺点在于研究生的学术阅历较浅、视角较为局限，所选话题的创新性、可行性存在问题，后续推进可能出现困难。同时所选话题导师可能并不熟悉，难以给出切实指导。

总体而言，笔者认为学术论文的选题应当是导师与学生共同商议、论证的结果。研究生应为选题的主体，导师在其中起到选题指导、信息指导、方法指导、撰写指导和创新指导的作用①。这需要研究生具有良好的沟通能力、并做好充足的准备，在每次面谈前向导师提供所搜集的充足资料，并汇报自己的研究设想，提出当前存在的疑问，通过导师指点最终确立选题。因此，在这一选题过程中需要遵循以下原则：

（1）广泛涉略原则

新手研究者首先要做的并不是急于动手写论文，而应该花费一定时间了解翻译学的研究脉络，通过广泛阅读高质量的学术著作与期刊论文，及

---

① 袁丽，姚运生．关于研究生论文选题的探讨［J］．首都经济贸易大学学报，2014（4）：124-125，128.

时归纳、总结当前的研究热点，逐渐发现自己的研究兴趣，并将二者结合逐渐勾勒出大致的研究方向，再通过论证得到进一步细化。

（2）兴趣专长原则

一项研究，尤其是学位论文，研究者将在很长的一段时间内每日与研究话题、研究资料打交道。因此，研究选题一定要是自己所感兴趣的。每天迫不及待打开电脑写作和不愿打开电脑写作在研究质量和效率上会有很大差别。

（3）价值意义原则

研究一定是针对问题而言，即有感而发。这就需要研究者在选题上进行严格论证，通过全面的资料搜集明确某一话题是否有前人研究，即使有前人研究是否存在问题有待进一步研究。通常我们需要考查一项研究是否具有理论和实践意义，即能否对当前的理论完善提供帮助或是否能够直接指导现实问题的解决。

（4）创新发展原则

高质量的学术论文一定具有创新点，也就是区别于其他研究的闪光点。学术论文的创新主要体现在观点、材料和方法三个方面。采用新方法对新材料进行研究并得出新观点是最为理想的状态，但是在实际操作过程中可能会遇到这样或那样的问题。因此，选择三者其中之一或者之二便已经可称之为创新。但是若用老方法研究老材料并重复老观点，此类研究则毫无学术价值。

（5）可行操作原则

研究选题时要确保已经具备或经过努力可以达到的相关条件。选题的可操作性原则可进一步划分为以下问题。

①资料设备的问题：在资料搜集的过程中，你会发现一些研究的空白或者盲点。但是此时不要过于乐观，以为自己找到了研究的切入点。某问题无人研究现象的背后可能有多种问题，是不是资料过少，以至于难以支撑？同时，如若想进行一些实验、调查类实证研究，也要充分考虑到实验

设备、受试对象、分析工具等客观条件是否具备。

②研究话题的广度：学位论文在选题时常常会出现话题过大或过小的情况。如很多本科学位论文的题目作为博士论文的选题都不为过。话题过大造成的问题是学生难以用有限的时间和篇幅展现话题应涵盖的所有内容，通常只能泛泛而谈、一笔带过。又如很多同学在初定题目时就将话题锁定在很窄的范围。写作过程中才发现没有足够的材料支撑，难以继续开展。为了避免以上情况出现，在选题时就应该充分考虑到可行性问题。此外，笔者建议学位论文可以采用主标题+副标题的形式，即主标题点明宏观研究范畴，副标题表明具体研究问题。此种方式可提供更加宽裕的改动余地。

③研究主体的能力：学生在撰写学位论文时常常出现"眼高手低"的问题，既没有认清自己的水平与能力。在选题时，要充分考虑到自己的知识结构、理论水平、时间分配。在导师的指导下选择那些难易得当、大小适中的题目。

（二）学位论文开题报告的撰写

完成选题后，便进入了撰写开题报告的环节。开题报告不仅是供专家论证该话题是否有价值进行研究的重要依据，同时也是研究生自我检验选题是否合理的最佳途径。

通常来讲，开题报告应该涵盖以下的五个部分：

◇论文选题依据：包括国内外研究现状、选题的理论意义或实用价值、研究的特色及重要参考文献目录等；

◇主要研究内容、拟解决的关键问题或技术难点以及预期达到的目标；

◇主要研究方法或技术路线、实施方案；

◇年度写作计划；

◇论文创新点或论文的经济效益和社会效益预测及成果应用设想；

此处需要说明的是，很多同学不重视开题报告，认为只不过是论文开题时提交的"形式"。但是，正如上文所言，按照开题报告的体例逐条认真撰写后，无须他人评价，研究者自己就会对该选题做出公允的自我评价。此外，高质量的开题报告可直接用作学位论文的第一章绪论部分，优秀的文献综述同样也可以单独进行发表。所以，开题报告的撰写一定要得到重视。

（三）论文选题思路示例

1. 本科论文选题思路

选题来源：《高级英语》课程中修辞内容讲解

笔者本科就读于翻译专业，因此本科论文首先确定为笔译方向。选题灵感主要来自《高级英语》课堂中对于修辞的介绍与讲解。在众多的英文修辞格中，笔者发现，双关（Pun）这一辞格在中英文中都存在，但是在语言和文化层次上却存在差异。随后，笔者通过查阅资料，决定针对双关语的翻译进行研究。

2. 硕士论文选题思路

选题来源：就读学校的研究传统，中国文化对外传播研究热

笔者硕士研究生就读于翻译学专业，硕士学位论文应为研究型论文。笔者硕士就读学校该专业一直都有文学翻译研究的传统。就读期间也恰逢莫言获得诺贝尔文学奖，因此研究方向也锁定于中国现代文学的海外译介（汉译英）。笔者首先收集了有英文译本的中国当代小说，随后对其中大部分都进行了阅读。当时"葛浩文"和"莫言"成了研究热点，因此笔者为了回避，剔除了"葛浩文"所译作品。最后将研究对象锁定为余华的《活着》。选择的理由如下：第一，余华是著名的中国作家，他的作品语言具有特色且立意深刻；第二，《活着》这本小说虽影响范围广，但其英译文并未受到过多关注。

3. 博士论文选题思路

选题来源：就读学校的学科特点，翻译研究的新趋势

笔者博士研究生就读的专业为哲学，为外国语学院和哲学系联合培

养。鉴于学科的特点，博士期间研究应从哲学视角下展开。笔者首先选定了哲学中的技术哲学作为研究切入点，理由如下：首先，就读学校具有较强的技术哲学、技术伦理研究背景；其次，不同于西方哲学、中国哲学等对研究者知识积累的严格要求，技术哲学入门较为容易；最后，技术哲学需要结合案例和事实进行分析。笔者随后关注到了翻译研究中的新趋向，即"翻译技术化转向"。翻译技术的研发和应用对传统的翻译研究、翻译职业、翻译产业以及翻译教学都带来了很大的影响。于是笔者决定从技术哲学角度切入，来对翻译技术产生的问题进行分析。

二、选材料——资料搜集与整理

打好地基后，工程师就要根据地理环境和建筑特点选择适合的建筑材料。对论文写作来说，确定选题方向后，接下来要做的就是进行资料搜集和整理工作。这一步骤的具体方法已经在第四章给出了详细的介绍。在本节，笔者将主要明确资料搜集与整理的原则。

（一）资料搜集与整理的原则

1. 资料搜集的原则

确定选题后，就要选择研究关键词，围绕研究话题进行检索。资料搜集不仅只是机械的搜集，而是通过占有资料、整理资料，逐渐了解前人已经做了哪些研究，总结出还有哪些研究没有做，以此形成更为精准的研究问题。具体采说需要把握以下3条标准。

（1）全与精：范围全面与问题精准

搜集的资料首先要满足"量"的要求，要做到尽量穷尽。其次可通过资料的作者信息、干载平台初步剔除一些质量较差的文献。再次通过文章的标题、摘要、引言、结论等信息将观点重复、研究话题关联度低的文献排除。最后筛选出的精品文献就是需要研究者详细阅读、反复分析的材料。

（2）新与旧：经典著作与最新观点

经典文献能够提供权威的观点，恰当的引用能够展现出作者的学术积淀。最新文献则会提供该领域的前沿观点，能够保证研究的有效性以及科学性。因此在搜集文献的过程中要注意新旧文献的比例。

（3）中与外：国外文献与国内文献

虽然国外文献的搜集较为困难，但是及时地了解国际前沿有助于开阔研究者的研究视野、促进研究者的研究与思考。不能因此就只局限在国内文献，同样还需要了解国外学者都做了哪些工作。

2. 资料整理的原则：

资料搜集只是第一步，更重要的在于整理。学者可以按照不同的话题新建文件夹并命名，对于一些比较重要的文献可以在文件名处特殊标注，如"！！！xxx. pdf"。学者还可以摘抄重要的观点，形成电子版读书笔记作为论文素材。同时学者也可以借助上文提到的文献管理工具对搜集文献进行归纳。人们对于文献整理都有自己的方法与逻辑，只要做到不乱、有序、出处有证可循即可。

（二）资料搜集与整理方法示例

1. 本科学位论文资料收集

选择"双关语翻译"这一话题进行研究，关键词毋庸置疑就是"双关语"和"翻译"二词。通过知网检索，笔者下载了相关的期刊论文与学位论文进行阅读借鉴研究框架并提炼研究问题。同时还在图书馆借阅了大量英语辞格、辞格翻译等图书来提供分析案例。

2. 硕士学位论文资料搜集

笔者在检索时首先确定了几大方向，余华其人与《活着》的写作风格、《活着》英译本的相关研究、中国文学海外译介的现状与问题研究等。同时对《活着》双语版本进行了详细的对比阅读，针对文化负载词、四字格、修辞格等具有特点的翻译现象用不同颜色的记号笔进行标注，以备提炼研究问题。

3. 博士学位论文资料搜集

笔者在检索时按照两条主线来走：哲学与翻译。在哲学领域，主要搜集技术哲学的有关经典著作与前沿研究，尤其是对人工智能技术的批判性论著。在翻译领域，一方面关注翻译中的基本问题，另外一方面聚焦于翻译技术。对国内外翻译技术的相关研究论文与专著进行了全面搜集，并形成了大大小小由十余个文件夹构成的小型"数据库"。

需要注意的是，资料搜集与整理是一个渐进式的过程，不到论文定稿的那一刻，这项工作就会一直持续下去。

三、建框架——确立论点与提纲

（一）确立论点与提纲的原则

一幢大楼的框架决定着建筑的形状、高度、容积等因素。对于学术论文写作而言，期刊论文由于篇幅较短，因此列出提纲并非必要。作者既可以在脑中构思，直接落笔。也可以先列出一级、二级标题，再展开论述。对于学位论文而言，确立论点并撰写提纲不仅是培养过程中必要的步骤，同时也直接影响着后续的写作质量。因此，需要研究生和导师给予极大重视。

提纲是正式动笔行文前的必要准备，体现了作者对整篇论文思路和框架的构思。学术论文需要运用大量的文献资料或原始资料，逻辑严密、层次清楚、结构合理地展开论述，从而严谨科学地论证主要观点或得出基本结论。而有了一个较为成熟的提纲，就能够做到纲举目张，确保论文结构的完整、层次的分明和逻辑的一致，并能够按照提纲中各个部分的具体需要来选择资料，将资料的作用尽可能充分地发挥出来。

拟写提纲时，主要应遵循以下 3 大原则。

1. 问题中心原则

撰写提纲时要始终铭记研究问题，确保每一级目录的设置都是围绕着问题而展开，为了问题探讨而设立，避免出现与问题无关的内容。

2. 逻辑优先原则

撰写提纲时要注意各章节间的逻辑联系，需要依照特定的逻辑结构展开。具体可分为并列型、递进型、综合型 3 类。其中并列型论文是指分析一个问题的几个方面，章节间顺序可以调换；递进型是指章节间环环相扣、逐层展开，因此章节间顺序不可调换；综合型则是二者的融合。

3. 宏观全局原则

学位论文每个部分的作用、篇幅和结构都有特定的要求。因此在撰写学位论文提纲时应参考前人研究，保证每一部分都能发挥规定的作用，并保持论文的整体协调性。

（三）确立论点与提纲的示例

1. 本科学位论文提纲：

1　Introduction

　1.1　Purpose of the Study

　1.2　The Methods of the Study

　1.3　The Structure of the Paper

2　Literature Review

　2.1　Origin and Development of Pun

　2.2　Research into Pun Translation Abroad

　2.3　Research into Pun Translation in China

3　Pun Translatability and Its Translation Limitations

　3.1　Pun Translatability

　3.2　Limitations of Pun Translation

4　Pun Translation Strategies

　4.1　Classifications of Pun in English

　4.2　Translation Methods for the Translation of Puns

5　Conclusion

　5.1　MajorFindings

5. 2　Limitations

5. 3　Future Suggestions

2. 硕士学位论文提纲:

Chapter 1 Introduction

1. 1 Background of the Study

1. 2 Purpose and Significance of the Study

1. 3 Research Methodology

1. 4 Layout of the Thesis

Chapter 2 Literature Review

2. 1 Reviews on Translation Ethics

2. 2 Reviews on Domestication and Foreignization

2. 3 Reviews on the Translation of Contemporary Chinese Novels

2. 4 A Brief Summary

Chapter 3 A Case Study on To Live (Huo Zhe) Based on Translation Ethics Studies

3. 1 A Brief Introduction of YuHua and His Literary Works

3. 2 Previous Studies on Huo Zhe and To Live

3. 3 The Translator: the Subject of Translation Ethics

3. 4 The Target Reader: the Evaluation of Translation Ethics

3. 5 The Target Text: the Presentation of Translation Ethics

3. 6 A Brief Summary

Chapter 4 Domestication or Foreignization: the Choice of Translation Strategies in the Translation of Contemporary Chinese Novels

4. 1 The Factors Constraining the Choice of Translation Strategies

4. 2 Foreignization: A Few Limitations

4. 3 Domestication: A Better Choice

4. 4 Domestication or Foreignization: Question Needs to be Noticed

Chapter 5 Conclusion

5. 1 Major Findings of the Study

5. 2 Limitations of the Study

5. 3 Suggestions for Future Researches

References

Appendix A

Appendix B

Appendix C

3. 博士学位论文提纲：

1. 绪论

1.1 研究背景与研究意义

1.2 国内外研究评述

1.3 研究思路与研究方法

2. 理论基础与概念解释

2.1 翻译、技术与哲学的三元关系

2.2 哲学视阈下翻译技术研究的理论基础

2.3 翻译技术的概念解释

2.4 本章小结

3. 翻译技术的技术维度问题：研发过程中的理论困境

3.1 翻译技术研发路径的逻辑局限

3.2 翻译技术研发对自然语言不确定性的忽视

3.3 翻译技术研发对翻译活动复杂性的误读

3.4 本章小结

4. 翻译技术的人文维度问题：使用过程中的主体性缺失

4.1 人与技术关系的主客演进

4.2 翻译活动中的主体性问题

4.3 翻译技术使用对译者主体性带来的挑战

4.4 本章小结

5. 翻译技术社会维度问题：应用过程中的新兴挑战

5.1 翻译技术应月对翻译职业造成的危机

5.2 翻译技术应用对翻译产业产生的影响

5.3 翻译技术应用对翻译教学带来的变革

5.4 本章小结

6. 翻译技术多维问题的应对策略：责任伦理的介入

6.1 翻译技术多维问题产生的原因探析

6.2 翻译技术多维问题解决的理论依据

6.3 翻译技术多维问题解决的具体路径

6.4 本童小结

7. 结论与展望

7.1 结论

7.2 创新点

7.3 不足与展望

四、动手盖——内容撰写与扩充

建好了一幢建筑的框架，接下来就需要建筑工人们一砖一瓦砌起的摩天大楼。对论文写作来说，确立好提纲后，作者需要着手开始写作工作。论文撰写的主要内容以及写作方式已经在第四章进行了详细的说明。但是在具体撰写的过程中，仍需注意遵循以下原则。

（一）内容撰写与扩充原则

1. 写作的时间管理

大部分研究生常犯的一个共性问题，认为论文开题通过便万事大吉。结束后就把提纲弃之一边，直到临近中期考核、预答辩的时间节点，才匆忙拼凑。这样完成的论文在质量上一定得不到保证。通过本科、硕士和博士的学位论文写作经历，笔者认为论文的撰写应该"一气呵成"。如果提纲逻辑通顺且前期资料搜集工作准备充分，那么论文的撰写不会遇到很多困难。如果按照既定提纲写作遇到困难，那么一定是在撰写提纲时考虑不够充分，资料搜集不够全面。给自己规定周密的时间表，按照时间节点进行论文撰写，不仅能够保证论文的完成进度，同时还能确保思路的一致性。

2. 写作的先后顺序

在实际写作过程中，写作的顺序往往并非按照论文的章节而来。通常来说应该先进行文献综述（了解研究现状、提炼论点），再撰写文章的主体部分，最后在完成论文的引言、结语部分。标题、摘要、关键词则应是在论文初稿形成后，通过回顾和反思进行提炼。

3. 写作的适时修改

论文开题时的提纲并非是完美的，需要在撰写的过程中不断根据搜集到的新资料、研究中遇到的新问题进行修正。但是需要注意的是，细节上的修改是正常的。但是如果需要进行大刀阔斧的改动，甚至改动题目，则说明在论文开题时论证不够充分、准备不够周密。

（二）内容撰写与扩充示例

1. 本科学位论文内容撰写

笔者的本科论文最初确定为"双关语翻译"这一话题。但是在查阅资料的过程中发现双关语的翻译之所以值得研究，就在于它在不同语言文化中的特异性。于是，笔者决定先论证双关语的可译性，再通过双关语的不同类型讨论双关语的翻译策略。

2. 硕士学位论文内容撰写

通过对比阅读《活着》原著与英译本，笔者发现译者在翻译过程中多秉持着异化的翻译策略。结合中国文化走出去的大背景，笔者决定将研究焦点集中于中国文学外译的异化与归化之争。在后续阅读资料的过程中，笔者了解到了翻译伦理学的相关理论。译者的翻译策略选择在某种程度上来说就是译者伦理倾向的体现。由此，归化翻译策略的使用可视为译者秉持忠诚于目的语读者的伦理；而异化翻译策略的使用则成了译者秉持忠诚于原作者的伦理体现。了为评估究竟异化还是归化才更适合当前文学译介的途径，笔者构建了译作、译者和读者的三维框架。译作是译者翻译伦理的体现、译者是译者翻译伦理的实施主体、读者则是译者翻译伦理的评价标准。笔者最终得出结论：鉴于当前的形势，译者应秉承为目的语读者负责的伦理，在处理文本中一些使用异化翻译策略会阻碍目的语读者理解或引起歧义的内容时，应倾向于使用归化策略以满足译作可读性的需求，进而更好地使优秀的中国当代文学作品在西方得以传播。

3. 博士学位论文内容撰写

受到《技术思考的主要维度：技术、自然、社会、人》一文启发①，笔者将翻译技术视为技术的具体形式，并分别从技术维度、人文维度和社会维度全面分析了其研发与应用所带来的一系列问题，由此构成了博士论文的主体框架。鉴于翻译技术问题的多维性与复杂性，从单一学科视角出发难以提出有效地解决方案。通过进一步分析，笔者发现正是由于翻译技术活动中责任意识淡薄、伦理规约缺失以及科学文化和人文文化之间的冲突才导致了多维问题的产生。因此，笔者认为责任伦理无疑为消解上述问题提供了全新的视角。具体来说，就是从翻译技术的研发、使用和应用 3 个环节出发，对技术化翻译活动中多元主体所应肩负的责任进行探讨。

五、做装修——后续修改与定稿

房子建好后只有通过后续改造、布置和装修才能满足住户的需求。对论文写作而言，完成写作并不意味着结束。人们常说好论文是改出来的，改论文比写论文要难得多。正如前文所示，论文的修改实际上贯穿着论文写作的始终。我们在此讨论的修改是指论文初稿形成后针对初稿进行的修改。适当的修改并不是自己的否定，而是为了论文完善所做出的必要

---

① 盛国荣. 技术思考的主要维度：技术、自然、社会、人［J］. 自然辩证法研究，2011（2）：32-38.

努力。

（一）论文后续修改的内容

1. 修改观点

观点是论文的"灵魂"。因此，一篇论文最为重要的就是要确保观点的正确性与合理性。学位论文，尤其是硕士和博士学位论文篇幅往往很长。因此撰写的过程有时难免出现前后观点不一致的情况。因此在论文的最后修改阶段，经过深入的思考和推敲，要立足全篇，理性审视论文的中心观点是否正确、深刻和具有创新性。

2. 修改结构

结构是论文的"骨架"。结构合理与否，直接影响到论文内容表达的效果。论文结构的修改需要关注以下方面：论文的思路，即提纲逻辑的合理性，要确保各级标题的连贯性与一致性；结构的完整性，要确保论文包含应具有的要素；结构的紧凑性，要删减与主题无关的材料①。

3. 修改语言

语言是论文的"细胞"。修改语言时要首先确保论文无错别字，标点也要正确使用。这种低级错误在学术论文写作的过程中必须避免。其次要确保论文使用学术语言，要具备简练、可读的特征。最后要保证文中概念的准确性，要消除歧义。

4. 修改格式

格式是论文的"外貌"。我们常说不要"以貌取人"，但是在现实生活中，我们常常会依照一个人的"外貌"对其进行评判。对论文来说，格式就是其"外貌"。我们需要按照期刊或学校的要求，对期刊论文和学术论文的格式进行修改。格式的修改看似简单，但是在实际操作中往往十分烦琐，如页码、页眉、目录等。因此，在撰写论文的过程中要留出修改论文格式的时间。

---

① 周义程. 社会科学类学术论文：评价标准、写作步骤及要领［J］. 社会科学管理与评论, 2013（4）：32-42.

（二）论文后续修改的方式

1. 自我修正：

自我修正是学术论文修改最为重要的方式。学术论文凝聚着自己的心血，是自己学术观点的凝结，因此只有自己才最了解论文的内容。自我修正贯穿着论文写作的整个流程。但是在论文初稿完成后，作者仍需反复审读论文来修改论文的观点、结构、语言和格式。长期聚焦于自己写作的论文，有时难以看出问题所在。因此，可以把论文放置一两天，过后再去审读可能会有意想不到的收获。

2. 专家指导：

个人的水平难免有限，深陷研究的"瓶颈"时亟须他人指点。因此，专家指导也是论文后续修改的重要方式。专家指导中最为常见的就是导师的指导。导师有深厚的学术底蕴、有丰富的培养研究生经验，因此可以对论文的大体方向与细小之处给出具体的指导。其次，在学位论文和期刊论文外审的过程中，盲审专家往往是研究领域的权威，因此所提出的建议和意见是极其宝贵的修正指导。

3. 同伴建议：

论文完成后，有时不妨约上同门或同学共同对论文进行研读。虽说并非所有人都了解你的研究方向，但是从新的视角出发进行点评往往会产生意想不到的效果。

这里需要说明的是，我们需要对论文修改持有正确的态度。修改是必要的，因此对于外来意见，我们虚心接受，冷静思考后再判断其合理性。对于合理的建议，我们要勇于承认不足。有时修改并非是细枝末节，而是大刀阔斧的。我们对于此类修改不应有畏难情绪，我们要知道论文的修改为了使研究更为完善。但是对于那些不合理的建议，我们也应对自己的论文抱有信心，要坚持自己的观点，要相信有时真理掌握在"少数人手中"。

第六章

翻译研究论文写作的伦理规范

俗话说，没有规矩不成方圆。对于学术研究而言，我们同样需要遵循一定的伦理规范以指导学术探讨。为此，本章将介绍学术伦理与学术规范的定义与作用，指出典型的学术不端问题并提出相应的解决对策。

一、学术伦理与学术规范

（一）学术伦理与学术规范的含义

学术伦理，作为学术实践活动中针对学术人的最为基础的本原性规定，既是学术道德的内核和本质，也是进行学术道德客观评判的标准和依据，同时也是维持学术实践活动交往关系合理性的内在价值尺度①。学术规范是指学术共同体根据学术发展的规律参与制定的有关各方共同遵守的有利于学术积累和创新的各种准则和要求，是整个学术共同体在长期学术活动中的经验总结和概括②。

学术伦理与学术规范二者是"道"与"器"的关系。学术伦理是学者进行学术研究必须秉持的理念指导，是内在的价值尺度；而学术规范则是更加具体的规则、制度，是对学术伦理的践行。

（二）学术伦理与学术规范的作用

叶继元认为，学术规范的作用主要包括：有利于政治学术生态、培养学术新人、增强学术自主意识、提高学术研究水平、提高学术国际化水

---

① 罗志敏."学术伦理"诠释［J］.现代大学教育，2012（2）：7-13，111.
② 叶继元.学术规范通论［M］.上海：华东师范大学出版社，2005：5.

平、提高学术研究的效率①。龚向和与魏文松认为，学术规范具有 3 个层次功能：浅层功能——具体规则与文本规范的适用功能；中层功能——学科发展与学术标准的约束功能；深层功能——逻辑思维与意识形态的引导功能②。综合来讲，我们可以从学者个人和学术共同体两个角度来看学术伦理和学术规范的作用。

对学者个人来讲：了解从事学术研究所应遵循的学术伦理与学术规范，不仅有助于时刻警示学者监督自己的言论、审视自身的行为。同时还能够从侧面延长学者的学术生命，促进学术交流。

对学术共同体来讲：良好的学术生态有赖于学术伦理与学术规范，不仅能够起到教育引导功能，而且对于学术行为也会起到制约和矫正的功能，从而实现学术主体的利益不受侵犯。

二、学术不端的典型问题

学术不端是指违反学术规范、学术道德的行为。国际上一般用来指捏造数据（fabrication）、篡改数据（falsification）和剽窃（plagiarism）3 种行为。《教育部关于严肃处理高等学校学术不端行为的通知》列举了 7 种学术不端行为：①抄袭、剽窃、侵吞他人学术成果；②篡改他人学术成果；③伪造或者篡改数据、文献，捏造事实；④伪造注释；⑤未参加创作，在他人学术成果上署名；⑥未经他人许可，不当使用他人署名；⑦其他学术不端行为③。学术不端不仅会阻碍自主创新、制约科技发展；而且还会影响社会风气，浪费科研资源；还会诋毁学术信誉，破坏学术形象④。结合翻译研究的学科特点，笔者在本节将列举以下 4 种典型的学术不端问

---

① 叶继元. 学术规范通论［M］. 上海：华东师范大学出版社，2005：8-11.
② 龚向和，魏文松. 学术规范的功能定位、合理限度及其法律制度体系建构［J］. 中国高教研究，2019（11）：69-76.
③ 教育部关于严肃处理高等学校学术不端行为的通知［EB/OL］. 中华人民共和国教育部，2009-03-19
④ 周宁宁. 学术规范教程［M］. 北京：军事科学出版社，2013：54-56.

题进行说明。

（一）引用与剽窃

剽窃是指，以改变形式与内容的方法，将他人作品的全部或部分作为自己作品加以发表的行为。抄袭则是剽窃的一种直接手段①。这一概念时常与"引用"相混淆。在第三章我们已经介绍了引文与参考文献的相关注意事项。我们需要再次明确，合理的引用对于学术论文来说不仅是合理的，而且是必要的。没有任何一项研究是不基于前人研究凭空而起的。但是"剽窃"和"引用"之间往往也只是"一墙之隔"。不合理的"引用"，如多次引用、过度引用往往会表现出"剽窃"倾向。同时，不指明出处的"引用"行为，如遗漏引用、混淆直接/间接引用、张冠李戴式引用、扭曲引用等可直接认定为剽窃②。当今学术界不断爆出剽窃丑闻，如某某高校的硕士或博士学位论文抄袭、某某某教授某论文剽窃等。剽窃是一种严重的学术不端行为，是对原作者与著作权法的不尊重，同时也会极大影响抄袭者的前途，为其学术生涯蒙上污点。

（二）论文的署名

论文的署名理应是一件很简单、很单纯的事，但是在当今社会却成了一场"利益的博弈"。论文署名的学术不端主要表现为两种形式，即作者有谁和作者排序。高雪山和钟紫红的研究对这种现象进行了总结，并归纳出以下 3 种情形：影子作者（Ghost Author），指对所发表的作品有实质性贡献，但在作品中却未被署名；名誉作者（Honorary Author），指对所发表的作品无实质性贡献，却作为署名作者出现；随意更改作者，在合作作品中，作者投稿后要求更改、添加或删减作者的现象③。针对这种现象，我们首先要明确论文署名的意义：表明责任归属，即作者对论文负有政治、

---

① 江建名．著作权法导论［M］．合肥：中国科学技术大学出版社，1994：297

② 王志标．学术期刊论文引用失范表现、原因及治理［J］．中国出版，2020（21）：46-50.

③ 高雪山，钟紫红．科技期刊论文不当署名现象及规避措施［J］．中国科技期刊研究，2015（6）：539-544.

法律、道德责任；表明版权归属，即署名人拥有论文的著作权；方便交流，读者可进一步与作者交流、合作①。

具体来说，我们可以参考国际医学期刊编辑委员会（International Committee of Medical Journal Editor, ICMJE）在《学术研究实施与报告和医学期刊编辑与发表的推荐规范》中对作者署名制定的标准②：

（1）对研究的构思或设计有实质性贡献；或获取、分析或解释研究数据；

（2）起草论文或对重点研究内容进行重大修改；

（3）对终稿的最后审核定稿；

（4）同意对研究工作的各方面负责，以确保论著每一部分的准确性或完整性问题均得到充分调研与妥善解决。

同时，这份《规范》也指出了不符合署名资格的情况：如获得资金的人、研究小组的一般监督或行政支持人员、提供写作帮助、技术编辑、语言编辑和校对的人员等。

对翻译研究学术论文而言，常发生争议之处在于导师和学生间的署名问题。如果导师确实对论文的思路、资料和后续修改提供了很大帮助，那么导师必须得到署名。但若论文全部为学生自己完成，则导师不应署名。同时学生在论文投稿和发表时也一定要征求导师意见。导师出现在署名中，但本人却不知道的情况同样属于学术不端。所有论文署名作者应事先审阅并同意署名发表论文，并对论文内容负有知情同意的责任。同时论文起草人必须事先征求署名作者对论文全文的意见并征得其署名同意。

（三）一稿多投/发

目前学术界对一稿多投的定义尚存争议，但是普遍认为"一稿多投是指

---

① 《学术诚信与学术规范》编委会编写. 学术诚信与学术规范［M］. 天津：天津大学出版社，2011：99.

② 学术研究实施与报告和医学期刊编辑与发表的推荐规范. http：//www. icmje. org/recommendations/translations/chinese. pdf.（国际医学期刊编辑委员会）2017-12-22.

同一作者在法定或约定的禁止再投期内将同一文稿或将内容基本相同的文稿，同时或先后投向两家或两家以上媒体的行为"①。通过定义，我们可以对一稿多投现象进行分类，如果是同一文稿多投，那么在很大程度上作者并无主观故意；若稍做改动后多投则可认为作者存在主观故意行为。与一稿多投直接关联的一个概念就是"一稿多发"。值得注意的是，一稿多投可以导致重复发表，但并不是所有的一稿多投最终都会引起重复发表。对于一稿多投是否违法，学界说法不一。但是一稿多发却是明显的学术不端现象。

在论文投稿的过程中，作者和期刊编辑部都扮演者重要的角色。对于一稿多投/发的行为，二者似乎持着不同的意见，也各有各的苦衷。

从主观原因来看，作者进行一稿多投是由于契约意识淡薄、投稿经验欠缺、不能做到对自己的研究和目标期刊知己知彼。

从客观原因来看，期刊编辑部审稿流程不一致、不透明，审稿周期通常达三个月之久。同时版面费标准也各异，因此进一步促使了一稿多投现象的发生。

目前反对一稿多投的声音多来自期刊编辑部，因为这种行为给编辑部的正常出版流程带来了很大的影响，造成了人力、物力的损失。而一稿多发又会对作者的学术声望带来负面影响。因此，在学术研究中还是应该尽量避免这种尴尬局面的发生。

（四）论文代写/发

学术研究原本应该在纯净的"象牙塔"中进行，但是在当前飞速发展的社会中，论文依然沦为"商品"，随意叫卖。走在校园里，随处可见"广告代写、代发论文"，并且按照级别差异明确定价。论文买卖已形成分工明确的产业链条，专业写手负责编写论文，网站中介充当掮客，期刊编辑部"里应外合"。这严重损害了学术期刊的形象，腐蚀了编辑队伍，成

---

① 金铁成. 学术期刊的一稿多投现象研究述评［J］. 河南工业大学学报（社会科学版），2005（4）：26-29.

为学术腐败的温床①。造戎这种学术不端现象的原因有二：首先，论文代写、代发有巨大的市场。目前我国的学术评价体系"唯论文"至上。学生毕业要论文、评奖学金要论文；老师晋升、结项同样需要论文。其次，经济利益巨大。代写、代发一篇论文的收入少则上千，多则上万，代写一篇博士论文的收入甚至能高达数十万。从法律角度来讲，代写代发论文有违创新、诚信等科技法原则。同时代写、代发论文也是一种违反著作权法的不正当交易行为，并隐藏职务违法犯罪行为。对论文的购买者来说，代写、代发论文的交易还存在诈骗犯罪的风险与侵犯知识产权的可能。为此，在七部门联合印发的《发表学术论文"五不准"》中，其中3条直指这种学术乱象：

不准由"第三方"代写论文。科技工作者应自己完成论文撰写，坚决抵制"第三方"提供论文代写服务。

不准由"第三方"代投论文。科技工作者应学习、掌握学术期刊投稿程序，亲自完成提交论文、回应评审意见的全过程，坚决抵制"第三方"提供论文代投服务。

不准由"第三方"对论文内容进行修改。论文作者委托"第三方"进行论文语言润色，应基于作者完成的论文原稿，且仅限于对语言表达方式的完善，坚决抵制以语言润色的名义修改论文的实质内容。

三、学术不端的应对策略

在明确了学术伦理和学术规范的作用，并了解学术不端典型问题的基础上，我们接下来要针对学术不端行为提出可行的应对策略，具体来说可以从以下3个角度出发。

---

① 论文可以买卖，学术的良心在哪里. https：//epaper. gmw. cn/gmrb/html/2018－06/22/nw. D110000gmrb_ 20180622_ 1－05. htm.（光明网）2018-6-22.

（一）个人伦理约束

作为个体的学者是学术研究的主体，同时也是学术共同体的重要组成部分。因此，在学术研究的过程中，要事无巨细的关注每一个环节，确保不出纰漏。具体来说，在撰写论文的过程中，研究者要不停自省：我的数据是否真实？我是否对引文进行了合理标注？我的论文格式是否规范？只有当每位研究者都具备基本的学术伦理意识，践行学术规范，学术研究才有可能达到澄明的境界。

（二）制度审查完善

作为学者的培养和工作基地，学校在学术研究中同样扮演着重要的角色。为了警示青年学者，学校应该开始学术伦理和规范的相关课程。同时学校还应完善学术审查制度。目前国内的学术研究多以导师为审查者。学生论文的质量、观点、规范责任由导师和学生共同承担。在导师同意的基础上，学生才可参加开题、中期考核、预答辩、答辩等环节。此时由专家所组成的教授委员会进行第二道把关。若想进行论文外审，还需经过"查重"环节。这一手段可对论文是否抄袭给出量化的结论。最后，若想获得相关学位，学位论文还需经历外审专家的"盲审"检阅。由导师、教授委员会、查重系统、外审专家共同构成的审查体系能够确保论文的质量，并在一定程度上避免学术不端情况的发生。

（三）法律规则健全

学术不端现象的应对不仅依赖于个人遵守学术伦理与制度审查的完善，同样还有赖于法律规则的健全。针对目前出现的学术乱象，教育部、科技部等部委先后发布了多项通知、办法，如《教育部关于严肃处理高等学校学术不端行为的通知》《学位论文作假行为处理办法》《高等学校预防与处理学术不端行为办法》《高校人文社会科学学术规范指南》《关于加强学术道德建设的若干意见》《高等学校哲学社会科学研究学术规范（试行）》等。作为个体的学者应该认真学习这些文件，领会精神，在学术研究过程中避免出现上述问题。作为学校和研究机构，则应成立学术委员会，结合校内、所内实际情况制定更加详细的规则、制度，并认真履行监督义务。只有在个人伦理层面、机构制度层面、法律规则层面共同坚守，学术不端现象才能够失去生存空间，从而还学术研究一片净土。

下 篇

02

翻译研究论文写作的前沿话题

通过本书上篇的介绍，我们已经对翻译研究的基本概念、类型、方法和工具以及研究原则等问题有了初步的了解。在此基础上，我们要将这些纸面上的"理论"付诸实践，看看它们是如何在翻译研究的实际过程中得以体现。为此，本书的下篇选取了 4 个翻译研究"前沿话题"进行说明。这里需要注意，话题不等于理论。话题即可以视为研究视角，又可作为研究方法；即可成为研究的出发点，也可作为研究的落脚点。在这一部分，每一话题又进一步分为研究背景、研究现状、案例分析和拓展阅读四个部分。其中研究背景是对这一话题的基本概念、发展脉络、主要理论和观点等进行简要概述。研究现状结合中国知网的可视化分析工具向读者呈现，截至 2021 年 1 月，该话题的国内研究趋势与热点研究主题。案例分析选取了笔者及国内学者所撰写的相关论文进行展示。在此需要说明，为了让读者更好地了解不同期刊的行文、参考文献格式，故保留了刊发期刊的格式要求。同时笔者还就论文的写作思路进行了说明。在拓展阅读中，笔者根据每一话题选取了国内外重要的研究著作，并结合书评对相关内容进行了简要的介绍。这里需要说明的是，本篇所选取的 4 个话题虽具有一定的主观性，但是也在一定程度上反映出了当今翻译研究的整体趋向。4 个话题间也并非是绝对独立的关系。如译者主体性研究可借助副文本、语料库等方法进行分析，同时也需受到翻译伦理的制约，在认知科学和翻译技术发展的当下，其所呈现出的新特征也应引起我们的关注。因此，读者可以对相关话题综合把握，并适时"联动"。

第七章

译者主体性研究

一、研究背景

所谓"主体性"（Subjectivity）就是"主体"（Subject）的属性，是在主客关系中不同于物性与神性的人的属性，表现为选择性、自主性、能动性和创造性等几个方面。它既不同于完全受自然法所支配的物性，也不是超然于外的神性，而是感性与理性、自然性与社会性的辩证统一①。作为一个哲学概念，我们可以清晰地发现对主体性所进行的探讨贯穿哲学史发展的始终。早在古希腊时期，普罗泰戈拉、苏格拉底等先哲们就已经提出了主体性问题的最初雏形，为后世发展提供了宝贵的思想来源；经由中世纪对人性的压迫，伴随文艺复兴的出现，笛卡尔对形而上学的重建工作初步确立了主体性的重要地位；德国古典哲学家康德进一步发展，从而使主体性得到真正的确立；马克思在批判继承西方主体性传统的基础上，对这一理论进行了进一步的三富和完善。作为传统西方哲学的基本原则，主体性演进过程中的每一个重要环节都为西方哲学的发展带来了重要的转机。

在翻译活动中，译者对原作的解读以及对译作的创造无不彰显着主体性的能动作用。所谓"译者主体性"，就是指作为翻译主体的译者在尊重翻译对象的前提下，为了翻译目的地实现而在翻译活动中所表现出的主观能动性，具有翻译主体自觉地文化艺术、人文品格、文化审美创造性等基

---

① 王义军. 从主体性原则到实践哲学 [M]. 北京：中国社会科学出版社，2002：27.

本特性①。然而，译者主体性并未从一开始就得到了应有的重视，可以说其沉浮贯穿了翻译实践与翻译理论研究的始终。

受到西方传统哲学中理性至上的认识论的影响，翻译实践与翻译研究长久以来都将对原作意图的客观传达奉为圭臬。作者，因为其在翻译活动中的发起性地位，其主体性被神圣化。人们相信，作者的作品中存在客观的意义预设。作者意图由原作所诠释，而原作意图就需要译者进行传达。翻译的宗旨就是追寻意义的客观性与永恒性，带有主观性的理解就成了非法的行为。译者在此时唯一的任务就是客观真实地传达作者的思想，确保读者与作者世界的同一。因此，译者主体性就被等价于译者理性，译者的感性因素被排除在外。

随着语言学理论的介入，翻译成为了一门科学。在结构主义语言学理论的视阈下，原文与作者之间的纽带被切断，重心转移到语篇身上，形成了文本中心主义。语言学家们坚信，通过努力会发现翻译中永恒的转换规则以此来实现原作与译作之间的"对等"。此时的译者便被要求"隐身"，并强调译作的"透明"，也就是不要在翻译活动中掺杂主观色彩，不要在译作中表现译者的个性，一切以原文为归依。但无论是"隐身"还是"透明"都是绝对的理想状态，学者们把人为因素和社会因素排除在了其研究范围之外，认为语言研究与科学研究一样，就是一种纯理性的行为，过分地强调了客观性与科学性②。翻译，作为一种人类的实践活动毕竟不能等同于科学研究，理论规范无法完全限制现实翻译活动中译者所展现的主体性，重视文本分析并不代表着译者主体性就可以被忽视。由此可见，由于文本与译者的主客关系的本末倒置，这一时期的译者主体性不过是从"作者中心"的藩篱中转向了"文本中心"的桎梏，依旧受累于语言分析的

---

① 查明建，田雨．论译者主体性——从译者文化地位的边缘化谈起［J］．中国翻译，2003（1）：21-26.

② 李晗佶，闫怡恂．哲学视阈下翻译研究译者主体性转向阐释［J］．沈阳大学学报（社会科学版），2015（5）：624-628.

形式。

学者们逐渐意识到译者的身份不能仅仅局限于作者和原作的"仆人"而进行"隐身"。同时鉴于语言、文化等层面的现实困难，绝对的"忠实"与"等值"也无法得以实现。伴随着"文化转向"的驱使，翻译研究逐渐将焦点置于译者身上，使得译者主体性获得了应有的地位。再如解构主义翻译理论强调要推翻"忠实翻译"，打破固有的原作者与译者之间、原文与译文之间的主从关系、先后关系，以此突出译者的中心地位。罗兰·巴特（Roland Barthes）"作者死了"的论断完全颠覆了社会对翻译的固有观念。人们普遍认为原作是译作的源头，没有原作哪来译作？而解构主义者的观点则与其背道而驰，他们认为一旦原作完成，其他的一切都与作者无关，读者可以有自己的解读。而原作也正是凭借着译作才能够延续生命。女性主义翻译理论同样强调凸显女性译者的主体性，主张"创造"，致力于"差异"的生成。文化学派的代表人物勒菲弗尔提出的"改写"（Re-writing）理论，指出"意识形态"（Ideology）、"赞助人"（Patronage）与"诗学"（Poetics）是 3 个会"操纵"（Manipulation）并阻碍翻译忠实再现的因素。这种说法看似说明译者是一位身不由己，被"操纵"的人。但恰恰表明译者在翻译的过程中又能发挥其主观能动性，有着鲜明的反"操控"特性，可以对原文进行"改写"。

回归对翻译研究重点的脉络梳理，我们发现在早期"作者中心"以及后来的"文本中心"的话语体系下，译者主体性被压制，译者的创造性没有得到释放，译者的地位也没有获得应有的重视。伴随着"文化转向"的到来，译者迎来了春天，翻译研究的重点聚焦于译者身上，译者的主体性和创造性得到了充分解放，译者的身份也得到了社会的认同，取得了应有的地位。但是"译者中心论"依旧存在弊端，这种研究范式过于专注译者，认为其是唯一的主体，从而忽视了翻译活动中的其他主体。同时，文本意义的不确定性以及译者能动性的过分彰显也会导致译者权利的滥觞以及对文本过度诠释等问题的出现。

针对当前出现的种种问题，哲学中"主体间性理论"的介入为译者主体性的困境提供了良方。真正的主体只有在主体间的交往活动中，也就是主体相互承认和尊重对方的主体身份时才可能存在。每个主体都以自己为目的，又必须在一定程度上作为手段发挥其作用。在主体间的相互关系中，人们互相需要，并非纯粹的目的与手段，而是互为目的、互为手段①。我们在承认译者主体地位的同时，其实也并未否定完全作者的初始性地位以及读者的评价性作用。翻译活动是诸多主体间相互协作所完成的一种认识活动、生产活动以及交往活动。虽然译者在其中居于中心地位，但是其主体性的发挥并不能孤立地进行，需要通过多主体间对话的形式来达成最终的目的。翻译中的主体间性不仅体现在"作者-译者"以及"译者-读者"这两个环节的沟通中，同时还涉及诸如赞助人、出版商、评论人等在内的多元主体。而正是这张复杂的关系网，不仅保证了译者的主体地位，同时也使其主体性通过其他主体的协同作用得以约束。因此，从译者主体性到翻译主体间性的转变就标志着翻译研究中对于译者主体问题的理论逐渐趋向成熟②。

二、研究现状

（一）研究趋势与研究热点

从发文数量上来看，译者主体性研究已经成为国内译学研究的主流，并且是学位论文选题的主要话题。自 2002 年起，译者主体性逐渐走进了国内学者的研究视野。自 2008 年起，每年发文量呈平稳态势，约 200 篇左右。我们预测，未来几年内，译者主体性的相关研究也会持续保持研究热度。

国内译者主体性的研究主要集中在文学翻译、外宣翻译等领域；研究

---

① 葛校琴. 后现代语境下的译者主体性研 [M]. 上海：上海译文出版社，2006：233.
② 周莹，南方. 走向成熟的译者主体性理论 [J]. 河北师范大学学报（哲学社会科学版），2015（5）：117-121.

主要从阐释学、女性主义、接受主义、生态翻译学、创造性叛逆等视角展开。

（二）研究模式

当前国内译者主体性研究的研究模式主要分为译者主体性理论研究和译者主体性应用研究两类。

1. 译者主体性理论研究

译者主体性理论研究又可进一步细化为两类，即译者主体性发展脉络和译者主体性与翻译理论阐释。

（1）译者主体性发展脉络

从历时角度梳理译者主体身份的演进过程有助于把握译者主体性的发展脉络，对译者在翻译活动中所发挥的作用形成正确认识。国内许多学者已经在这一领域发表了很多高质量的研究。如季宇和王宏通过梳理翻译研究中 3 种不同的主体中心论的演进，揭示了译者身份在翻译研究中由蒙蔽到彰显的变迁历程①。廖晶和朱献珑，通过对中外翻译史上翻译理念的演变进行梳理，揭示了译者在翻译活动中身份的变迁历程，认为应该恢复译者在文化构建中应有的、与作者平等的地位②。

（2）译者主体性与翻译理论阐释

在译者主体性理论建构方面，国内学者也做了大量工作。如陈大亮对译者在翻译活动中的主体性地位进行了正名，强调了主体间性对于翻译研究的重要意义③。查明建和田雨通过对翻译过程、译者的译入语文化意识和读者意识、译作与原作和译入语文学的互文关系、译者与原作者和读者

---

① 季宇，王宏．论译者主体性——从译者身份的变迁谈起［J］．扬州大学学报（人文社会科学版），2010（1）：125-128.

② 廖晶，朱献珑．论译者身份——从翻译理念的演变谈起［J］．中国翻译，2005（3）：14-19.

③ 陈大亮．谁是翻译主体［J］．中国翻译，2004（2）：5-9.

的主体间性关系四个方面的归纳，给出了译者主体性的定义①。由此，这篇文章成了译者主体性研究的必读之作。金胜昔和林正军则试图揭示译者主体性的认知机制。他们的研究表明，从宏观层面来看，译者主体性的构建过程主要包含解构原作和建构译作时进行的两轮概念整合，由源语作品、源语作者、译文读者以及两种社会语言文化等元素构成。这些要素经概念整合后外化为翻译的创造性，同时又制约着译者建构译文时的能动性。从微观层面考量，翻译的各个环节都是概念整合的结果。正是在无数周而复始的概念整合中，译者完成了主体性的建构②。

　　此外，由于译者主体性作为一个视角，缺乏理论支撑。国内学者将其与翻译理论的不同流派结合进行了详尽阐释。如从诠释学视角，屠国元和朱献珑结合理解的历史性、偏见观和视域融合等几个核心概念，对文学翻译的误读进行了分析③；从女性主义视角，徐来的研究表明，性别的引入为翻译身份研究注入了新鲜的血液。由此，译者主体性特点得到充分利用，翻译被视为"重写"④；从后殖民主义出发，裘禾敏着重剖析处于强势文化与弱势文化的译者如何采用异化与归化等翻译策略影响译入语主流文学、主流文化与主流意识形态⑤。

　　2. 译者主体性应用研究

　　目前绝大多数的译者主体性研究都是基于个案的应用分析。在学位论文方面，曾祥宏的博士论文选取了李霁野、祝庆英、黄源深 3 人的《简·爱》译本进行分析。从语言修辞、文体风格、文化意蕴、审美意境等方面

① 查明建，田雨. 论译者主体性——从译者文化地位的边缘化谈起 [J]. 中国翻译，2003（1）：21-26.
② 金胜昔，林正军. 译者主体性建构的概念整合机制 [J]. 外语与外语教学，2016（1）：116-121，149-150.
③ 屠国元，朱献珑. 译者主体性：阐释学的阐释 [J]. 中国翻译，2003（6）：10-16.
④ 徐来. 在女性的名义下"重写"——女性主义翻译理论对译者主体性研究的意义 [J]. 中国翻译，2004（4）：18-21.
⑤ 裘禾敏. 论后殖民语境下的译者主体性：强势文化与弱势文化 [J]. 浙江社会科学，2008（3）：86-91，128.

分析文学翻译中文学性的再现；从时代背景、意识形态、社会观念、翻译思想、审美取向、个人风格、语言特征等方面的实例，论证译者主体性发挥对文学性再现的影响和作用，以此论证文学性的再现以及译者主体性的发挥二者之间的关系①。在期刊论文方面，唐培借助诠释学理论，对《魔戒》译本的译者主体性本现进行了探讨，认为翻译过程中的译本选择、翻译目的及翻译策略确定以及对作品的阐释、语言层面上的艺术再创造都是译者主体性的体现②；张敬选取霍克斯所译《红楼梦》，借由勒菲弗尔的改写理论，指出意识形态、诗学和赞助人控制下的原本选择、读者选择和翻译策略选择说明译者主体性可以影响译文价值③。

三、案例分析

（一）案例导读

本文是笔者和大连理工大学陈海庆教授共同所撰，发表于《上海翻译》2020 年第 6 期的一篇论文。本文转变了以往译者主体性的研究思路，借助社会学、心理学研究中的"身份"与"身份认同"概念对人工智能时代的译者身份问题进行了重新阐释。虽然"身份"对于翻译研究来说是一个较为陌生的概念，但是究其实质，其研究核心内容和译者主体性并无过多差异。从文章的性质上来讲，本文属于理论研究型论文。以往的译者主体性研究多是对译者身份发展脉络进行梳理，到文化转向或主体间性转向即止。而对于当前飞速发展的翻译技术对译者主体性带来的挑战和威胁则并未涉及。为此，本文在引言部分简要概括了研究现状，并点名了研究问题。在第二部分"身份认同理论与译者身份的历史演进"对"身份认同"

---

① 曾祥宏. 论译文的文学性再现与译者主体性的发挥［D］. 上海：上海外国语大学，2013.

② 唐培. 从阐释学视角探讨译者的主体性——兼谈《魔戒》译者主体性发挥［J］. 解放军外国语学院学报，2003（6）：68-72.

③ 张敬. 从霍译《红楼梦》看译者主体性在文学翻译改写中的表现［J］. 中国外语，2009（4）：98-101.

的概念、主要理论进行了介绍，并梳理了其与译者身份演进的关系，构建了本文的研究框架。在第三部分"翻译技术对译者身份带来的威胁与译者的身份认同困境"主要结合技术时代翻译实践的新特点，论述了当前译者面临的问题。第四部分"译者的身份认同困境原因探析"主要从三个角度阐述问题出现的原因。在第五部分"译者的身份认同重构路径"中，结合身份认同理论，从个体身份认同和社会身份认同两方面提出了解决对策。

（二）案例正文

翻译技术时代的译者身份认同探析

李晗佶，陈海庆

摘要：翻译技术的介入使得如今的翻译职业在工作方式上发生了巨大的转变。作为翻译实践的主体，译者的身份特质也受到了前所未有的挑战。借鉴身份认同理论对翻译技术时代的译者身份进行研究无疑是一个全新的视角。本文通过梳理译者身份的历史演进脉络，并结合翻译技术的特征，首先探讨了其对译者身份所造成的威胁以及译者身份认同面临的困境，随后指出技术理性的无限发展、片面关注技术对人的解构作用以及译者在翻译实践中长期所处的不利权力关系是造成这种局面的原因。为此，本文认为需要从社会认同和自我认同两个角度入手来重构译者职业的身份认同，从而实现人与技术的和谐发展。

关键词：翻译技术；译者；身份认同；社会认同；自我认同

一、引言

翻译，作为一项古老的人类职业，在信息技术、网络技术与认知科学研究的不断推动下，呈现出翻译对象的多元化、翻译流程的科学化、翻译环境的数字化等多个方面变化。作为翻译职业主体的译者，无疑在当今时代受到了最大的冲击。当前学术界关注到了译者身份研究的重要性，但是现有成果多集中于译者主体性的演进历程以及结合个案的译者角色分析，并未过多关注技术时代译者身份问题；同时当前的翻译技术研究也存在着重技术研发，轻译者关注的不足（李晗佶，陈海庆，2019）。与当前学术研究现状形成鲜明反差，译者对日趋智能化的翻译技术表现出困惑与焦虑情绪。针对上述理论和现实上的必要性，将身份认同理论引入到翻译技术时代译者身份研究无疑是一个全新的视角。据此，本文旨在回答以下几个问题，①译者身份认同经历了怎样的演进过程？②翻译技术对译者造成了怎样的威胁，译者的身份认同面临何种困境？③是何种原因造成了这种困境？④如何才能重构翻译技术时代的译者身份认同？

二、身份认同理论与译者身份的历史演进

在英文中，Identify 一词包含着"身份"与"身份认同"的双层含义。身份，就是指特定社会个体或群体的属性、在社会中的关系与地位以及所扮演的角色（Stryker，1987：89）。作为"身份"概念中的重要一环，"身份认同"主要关注"差异"与"相似"的关系，即个体对自我身份的确认、对所归属群体的认识以及所伴随的情感体验和对行为模式进行整合的心理过程（张淑华等，2012：22）。从类型上来说，身份认同可划分为四种，分别是沟通个体与特定文化的个体认同、在不同文化群体间进行抉择的集体认同、强调自我心理与生理体验的自我认同，以人的社会属性为研究对象的社会认同。前两者都可纳入社会身份认同的范畴，因此形成了由社会认同和自我认同互动关联的动态建构体系。当前的研究主要集中于全球化与现代性、边缘群体与职业归属三种视角。身份认同研究不仅能够加深对社会中个体存在方式的理解，同时还能够揭示社会整体的变化趋势。

关于译者的身份，学者们同样展开了一系列研究，如田德蓓（2000：20）从翻译过程视角将译者身份分为读者身份、作者身份、创造者身份和研究者身份4种；李文静（2011：24）从翻译行为角度对译者身份做出了角色身份、群体身份和个人身份的区分；曾祥宏（2018：10）认为翻译存在着内部与外部双重身份；皮姆（Anthony Pym）（2012：13）则从文化间性角度出发，将译者身份视为中间人（In-betweens）、信使（Messengers）、专业人士（Professionals）、协调者（Interveners）、传道者（Missionaries）和合作者（Agents of Cooperation）。本文所要强调的译者身份是基于翻译实践与职业角度，即在跨语言与文化交际的过程中，译者在弥合差异的实际性操作中所呈现出的主体性地位。尽管译者在由多元主体所构成的翻译活动中居于中心地位，并在原作解读和译作再现过程中展现出主体所具有的选择性、自主性、能动性和创造性等属性。但是在漫长的翻译史中，译者的身份认同之路却并非一帆风顺。受西方传统哲学中理性至上的认识论影响，翻译长久以来将对作者意图的客观传达奉为圭臬。早期的译者身份并未获得普遍的社会认同，其工作价值也并未得到应有的尊重。在结构主义语言学理论的影响下，翻译中原文与作者之间的纽带被切断，"文本主义"翻译观要求译者不要在翻译活动中掺杂主观色彩与个性。伴随着文化转向的驱使，学者们意识到绝对的"忠实"与"等值"无法实现，翻译研究逐渐将焦点聚焦于译者身上，译者主体性才开始获得了应有的地位。

社会认同理论代表人物霍尔（Stuart Hall）（1996：597）通过分析，总结出以主体为中心的启蒙身份认同、以社会为中心的社会身份认同与后现代去中心化的身份认同3种模式。通过上文的梳理，我们不难发现，译者身份的演进路径与霍尔模式不谋而合。启蒙时期的译者所创造的价值开始受到重视并逐渐摆脱了作者与原作对于自身主体性的束缚。但是我们可以看到，译者依旧受到语言规则与文化制约的限制，所呈现出的是作为个体的身份认同。而文化转向下的译者身份则更多地在强调其作为社会人所具有的社会属性，是权利、文化、意识形态等因素共同作用的过程，由此翻译也成了译者与社会外界交往所共同完成的工作。

三、翻译技术对译者身份带来的威胁与译者的身份认同困境

进入20世纪以来，社会的飞速发展进一步瓦解着传统的主体性观念，后现代社会中人与人、人与自然关系中出现的新变化对传统不断进行着挑战与解构。现代科学技术日益强大的能量开始普遍渗透并控制社会生活，人们开始习惯于依赖技术化生存方式并使得身份认同出现了新特征，即霍尔所提到的"去中心化"的趋势。对译者而言，这集中体现在翻译技术发展对译者身份所造成的威胁与身份认同困境。

（一）翻译技术对译者身份带来的威胁

所谓翻译技术，就是指翻译服务人员在翻译过程中综合应用的各种技术，按照译者的工作视角可分为机器翻译工具、计算机辅助翻译工具、一般工具和电子资源4类（王涛 鹿鹏，2008：22）。在最初的技术构想中，人们试图构建"全自动高质量的机器翻译"（Fully Automatic High Quality Machine Translation，FAHQMT），其中"全自动"也就意味着无须人为干预，"高质量"暗含着无须人为修改，也就是说要将译者完全驱逐出翻译活动之外。但是，由于人们过分高估了当时机器翻译的能力，同时又过于低估了自然语言的不确定性和翻译活动的复杂性。工程师便转换了研发思路，从而投入到了对"计算机辅助翻译系统"的研发。在计算机辅助翻译技术被广泛应用的同时，人们依旧没有放弃最初的设想。伴随着人工智能、机器学习以及大数据技术的成熟和普及，认知科学、神经科学等学科对人类思维奥秘的不断探索，机器翻译在研究方法、研究路径、应用模式等方面已经产生了翻天覆地的变化，同时也取得了令人瞩目的成果。技术上一次又一次的突破似乎预示着在当下机器翻译已经实现了"高质量"的目标：如谷歌翻译（Google Translate）、微软翻译（Microsoft Translate）等在翻译质量评估中已经持平甚至超越人类译员。那有关"全自动"的设想呢？可以在两种事先未学习过的语言间转换的"零知识"（Zero-Shot）互译技术也已经被广泛应用……通过对分析当前翻译技术的特性，我们发现其对译者的威胁主要体现在翻译速度快、翻译准确度与一致性高、使用成本低、知识易习得与复制4个方面。

（二）译者的身份认同困境

针对翻译技术对译者身份认同所造成的困境，我们需要从译者身份的社会认同和自我认同两个方面进行解读。

首先，译者身份的社会认同不断遭受质疑。在人工智能浪潮的推动下，许多技术专家都对翻译工作的前景给出了消极的预测：如著名的科技预言家库兹韦尔（Ray Kurzweil）指出，到2029年机器翻译的质量将达到人工翻译水平；我国学者肖健预测，未来的翻译市场只有10%的翻译任务需要人工译员进行处理（杜金华等，2013：4）。如果你觉得这只是来自技术研发者过于乐观的预期，那么我们再来看翻译行业从业者的观点。全球最大的翻译公司"一小时翻译"（One Hour Translation）的首席执行官绍尚（Ofer Shoshan）坦言，机器翻译质量的突飞猛进将会使多达50万人类翻译和21000个机构很快失业。对机器翻译的发展，他做出了生动的比喻，"翻译技术和人工翻译的关系就好比是柯达（Kodak）和数码相机（Marr，2018）"。由于缺乏对译者职业特性了解，再加上媒体就包括翻译技术在内的人工智能技术进步进行大肆鼓吹，社会大众普遍认为，译者和即将被自动化技术所取代的文员等职业并无两样，对译者在社会中的地位、功能和贡献的理解产生偏差。

其次，译者身份的自我认同正在经受考验。国际翻译家联盟荣誉顾问德莱特（Frans De Laet）（2017）指出当前翻译界对技术使用存在两种态度，一部分人相信机器翻译会替代人工翻译；而另一部分人则不相信，或者说他们不愿意相信。当前的译者在技术发展的不断冲击下开始对自己职业的未来感到彷徨，同时对翻译职业的心理认可度也在不断降低。如2018年北京某高校英语专业新生在入学后不久就给校长写了一封署名信，表示"人工智能正在"入侵"翻译领域，自己的梦想马上就会毫无价值，因此想要转系转专业。这位同学的举动看似极端，但是却恰恰反映出了当前译者对待翻译技术的普遍性态度。此外，在职业化翻译实践之中，翻译技术的大规模使用也在不断降低译者从事翻译行业的心理和生理满足感。研究显示，译后编辑需要译者对重复性错误进行机械性的改动，使得原本富有创造性的翻译活动被切分为一系列简单的任务，从而发生了"去技能化"的趋势（Moorken & O'Brien，2017：127）。此外，客户对翻译质量的要求逐渐降低，甚至提出"能看就行"的指示，这就意味着译者无须尽全力投入到工作之中（肯尼，2017：21）。受到技术冲击的当代译者开始呈现出对技术使用和接受的畏难情绪，其自身的生存环境也在日益受到技术的威胁，因此开始出现了转行、消极怠工等负面应对措施。

四、译者的身份认同困境原因探析

翻译技术对译者这一职业所造成的社会层面和自我层面的身份认同困境是对译者职业本质的曲解，不仅不利于译者自身的解放与发展，同时也阻碍着翻译技术的未来发展与普及使用。本文认为造成这种困境的原因主要有以下3点：

首先，译者身份认同困境的根本原因在于"技术理性"的无限发展。所谓"技术理性"（Technical Rationality），就是指一种把自然设计成控制和组织的潜在工具及材料的技术先验性，是现代技术发展思想的基础（高华亮，1993：68）。与之相对的"价值理性"（Value Rationality）则指导人们对人自身、人与世界的价值进行判断，关注人文世界。作为人类意识的两方面，"技术理性"与"价值理性"相互依存、相互促进、互为引导、各司其职，共同协作以实现人的全面发展。随着人类控制自然、改造自然的能力不断增，资本主义的不断扩张使得人类的欲望不断增长，科学技术的飞速发展令原本处于平衡状态的"技术理性"与"价值理性"出现了失衡的情况，原本处于下位的"技术理性"越位于"价值理性"之上。法兰克福学派代表人物马尔库塞（Herbert Marcuse）（1989：108）认为，这样的变化不仅使物质享受变为人的本性，同时在精神层面也展现出同一化、控制化的负面效应。出于对技术的盲目崇拜以及满足人类日益增长的信息交流需求，此时的人们唯技术至上，认为随着技术的发展就可以解决翻译活动中的一切问题。"价值理性"逐渐被"技术理性"所吞噬，"技术理性"占据了现代人的精神世界，这就造成了翻译活动中人文主义与技术主义、人文科学与自然科学之间的巨大分野。译者与翻译技术的关系被本末倒置，译者并不享受技术所带来的便利，反而技术的智能化不断侵蚀着译者固有的领域、压抑着人的创造性、吞噬着译者的主体性。

其次，译者身份认同困境的理论原因在于孤立强调技术对人的解构作用。从某种意义上来说，翻译技术的发展确实是在解构译者在传统翻译活动中的身份，当今时代的译者无须，也无法脱离技术的支持进行翻译实践。但与此同时，译者在面临挑战的同时也在迎接新的机遇，技术的介入使得译者身份的概念与译者自身的能力都得到了超越。技术与人之间的关系是一种相互建构、创造、影响和改变的"协同进化"过程。技术的特性很大程度上就是人的特性，技术的功能也就是人的功能的投影或延长，技术的目的就是人的目的，技术的价值生成也源于人的社会需要、依附于人的理性能力并出自人的自由创造（肖峰，2011：3）。对人与技术关系的片面解读造成了社会与译者自身只看到了翻译技术对译者身份造成的负面作用，而忽视二者互动的正向作用。

最后，译者身份认同困境的现实原因在于翻译实践中译者长期所处的不利权力关系。尽管在前文中已经指出，当今译者在翻译活动中的主体身份得到了认同，但是这仅仅局限于学术研究层面。在现实生活中的诸多实例都能清晰地反映出译者在社会群体中所处的边缘化、工具化的地位。如在职业价值方面，普通的读者在阅读译作时，常常忽视了译者所付出的努力，只有当译文不甚通顺时才会意识到译者的存在并对其翻译水平和职业道德大加指摘；如在职业能力方面，普通民众往往认为只要是学习外语的人就可以从事翻译工作，精湛的翻译技巧、丰富的经验、海量的文化和专业知识储备等合格译者需要具备的素养都被忽略；如在职业薪酬方面，按照平均的翻译速度、工作时间与工资薪酬，一名成熟的译者的月收入所得约为6600元左右，这与其所付出的努力、所承担的风险形成了鲜明的落差。这种对译者职业价值的漠视、对职业技能的误读以及对职业薪酬的不合理分配就导致了社会的普遍公认，即技术对译者具有极强的可替代性。

五、译者的身份认同重构路径

面对翻译技术对译者身份所带来的诸多挑战以及当前译者身份认同所面临的困境，我们有必要借鉴身份认同理论中建构主义观点对其进行解决。与视身份认同为外在于社会因素静态存在的观点不同，建构主义认为其不仅形成于特定的社会环境，同时还不断被社会中的诸多因素所影响。

个体与社会之间不断互动，通过对话的方式使得社会赋予个体身份意义，同时个体身份的完善也强化了社会身份的构建。翻译技术作为新兴产物，为翻译研究与实践带来了诸多新变化。与此同时，译者身份的内涵也处于动态变化的过程之中。因此，为了重构译者在当今时代的身份认同，我们需要从译者的社会身份认同和译者的自我身份认同两个方面入手给出对策。

（一）社会认同层面的译者身份重构路径

社会认同理论指出认同发展的三个过程，即社会类化（Categorization）、社会比较（Comparison）和积极区分（Positive Distinctiveness），也就是说要需要将分析对象进行分类，然后予以比较，最后找出自己的优势从而确立身份价值（Brown，2000：747）。具体到翻译技术发展与译者身份认同之间的问题，我们要首先对翻译技术与译者进行区分，从而分析译者所具有的优势和翻译技术存在的劣势，从确立译者的社会身份认同。

首先，翻译技术发展让我们看到了译者在翻译活动中无可取代的身份价值。"作者""译者"和"读者"各自所处的自然世界、社会世界和心理世界有赖于译者通过自身的体验予以沟通。翻译不仅表现为译者语际转换的内在心理机制和言语信息加工的认知过程，同样还需考虑到社会、政治、经济等多方面因素，由译者来协调赞助人、客户、出版商和评论人等诸多主体间的复杂关系。在对原作进行"改写"以及译文中"创造性叛逆"（Creative Treason）的体现无不彰显着译者主观能动性的重要作用。人是一切价值的主体，是一切价值生产的根据、标准和归宿。因此，"人的价值"是最高、最重要的价值问题。在翻译活动中，我们不能因为翻译技术所呈现出"类人智能"的趋势就忽视译者的身份价值。

其次，逻辑框架上的缺陷也让我们意识到了翻译技术自身的局限性。作为人工智能技术的具体应用，当前人工智能技术所面临的诸多逻辑框架上的局限也是翻译技术所需要回答的问题。如英国人工智能专家博登（Margaret A. Boden）（2017：69）指出，"语言、创造力和情感等领域对当前的人工智能来说依旧是很大的挑战。"她所提及的 3 个具有挑战性的领域在翻译实践活动中都有所体现。翻译并非是两种语言之间的机械对应，而是在理解两种语言文化基础之上复杂的认知转换过程。由于每个人的认知过程存在差异，所以在翻译活动中都会展现出独特的创造性并表达各异的情感，这些也正是当今翻译技术所无法完成的。正如美国认知科学家侯世达（Douglas Richard Hofstadter）（2018）指出，不同于简单的数学计算，翻译作为一种无法进行量化的活动，更多的数据并不会使机器获得理解能力，基于数据统计的翻译只是词语间的联想而非思想的对接。从目前取得的成果来看，说翻译技术的发展即将完全取代人类还为时过早，许多困扰人工智能研究发展的框架性问题仍然未被解决。当人们看到由机器翻译所产生出的蹩脚的译文时，就会更深刻的体会到人作为目前已知最高智能体的魅力之所在，从而强化了译者的社会身份认同。

（二）自我认同层面的译者身份重构路径

自我身份认同是建立在"自我"主体性基础上的对自身所扮演角色的一种确认，需要通过自我概念的生成，并强化自我意识的心理机制，从而完成自我身份的建构（张向东，2006：78）。面对翻译技术对译者所造成的同一性的解构、自我归属感的匮乏以及自我意义的丧失等问题，我们有必要从端正译者对待翻译技术态度和提升译者自身能力两方面入手对译者的自我身份进行重构。

首先，当今时代的译者需要摆正对待翻译技术的态度。人类在年龄、记忆和情感、压力等方面以及计算机在语言理解和世界感知等方面各自存在的局限性，但是智能化技术在增强人类决策、扩展身体性能、影响交易方式和人机互动模式等方面都发挥着积极的作用。由此，我们应该明确：智能技术的未来应该是扩展而非取代人类能力。从人工智能到增强智能（Augmented Intelligence）的研究思路上的转变正逐渐成为当今研发的主流趋势。为了更好地适应新时代翻译活动，译者必须摆正对待技术的态度，看到技术应用的正面作用。译者与技术的良性互动会促进彼此的进步，基于人机交互的翻译技术可以对译者、翻译职业和翻译过程产生良性影响。同时翻译技术与译者各有所长，因此，机器翻译与人工翻译之间的关系并非矛盾、零和，而是相辅相成、相互促进的关系。从宏观职业体系方面来讲，随着国际间交往的日益密切，未来的翻译任务会不断地增长，而且翻译相关的职位会进一步丰富。既然翻译的技术化转向趋势已经不可扭转，同时技术的使用又能够带来诸多的便利，那么当今时代明智的译者就需要摆正对技术的态度，积极了解技术，正确使用技术并努力参与技术研发，从而在多方位确保自己不可取代的身份价值。

其次，当今时代的译者需要更新自身的能力体系。面对翻译技术发展对译者身份认同所带来的挑战，译者自身的技术能力提升无疑是最为直接的应对策略。翻译能力专项研究小组（PACTE）及时地将"工具使用能力"纳入了考察范畴，即运用各种资源和媒介的能力，包含对翻译工具、信息技术和资源的使用。如今，工具使用能力已经从翻译能力中的次级范畴转换为沟通其他能力从而进行翻译实践的主要能力。新时代的译者首先需要对翻译技术有理性、辩证的认识；其次，译者需要对信息进行准确检索以应对复杂的翻译任务；最后，译者要熟悉并熟练使用包括语料库、计算机辅助翻译、机器翻译等在内的一系列工具，从而减轻自身的工作压力，提高工作效率与幸福感。

六、结语

现代科学技术是一把双刃剑，翻译技术的发展给翻译职业带来便利的同时，译者的身份也遭受了前所未有的挑战。但是身份认同是个人与社会之间互动的解构过程，不仅受到不同时期社会历史文化的影响，还依存于与他者的关系之中。正如历时语境中译者从隐身到彰显的身份认同过程，得益于文化与社会之间的发展和互动，翻译技术化时代的译者身份也应该得到更新和丰富。面对技术理性至上、片面关注技术对人的解构作用以及译者在翻译实践中长期所处的不利权力关系等原因所造成的翻译技术时代译者的身份认同困境，我们有必要从社会认同和自我认同两方面入手对其予以重构。一方面，我们要看到译者所具备的自身无可取代的价值以及当前技术所存在的局限性；另一方面，我们也要从自身角度端正对技术的态度并更新自身的翻译能力。排斥技术、抵制技术是不明智、不理性的行为，译者应该以公正的心态去拥抱技术并积极了解技术。在与技术共同发展的过程之中，译者也有必要弥补自身缺陷，革新自身的翻译能力。只有这样才能够确保译者职业、翻译技术与翻译行业的良性发展，从而实现利用技术提升工作效率、提高工作幸福感的初衷，从而实现技术研发的真正价值并重塑译者的身份认同。

参考文献：

［1］赫伯特·马尔库塞. 现代文明与人的困境——马尔库塞文集［M］. 李小兵，等译. 上海：上海三联书店，1989.

［2］玛格丽特·博登. AI：人工智能的本质与未来［M］. 孙诗惠，译. 北京：中国人民大学出版社，2017.

［3］肖峰. 人文语境中的技术［M］. 北京：中国社会科学出版社，2011.

［4］曾祥宏. 翻译与身份研究框架探赜［J］. 上海翻译，2018（1）：7.

［5］杜金华，张萌，宗成庆，等. 中国机器翻译研究的机遇与挑战——第八届全国机器翻译研讨会总结与展望［J］. 中文信息学报，2013，27（4）：1-9.

［6］多萝西·肯尼，王育伟. 译者与机器［J］. 东方翻译，2017（2）：4.

［7］高亮华. 技术理性问题探讨［J］. 哲学研究，1993（2）：8.

［8］李晗佶，陈海庆. 翻译技术研究现状、问题与展望［J］. 北京科技大学学报（社会科学版），2019，35（04）：112-118.

［9］田德蓓. 论译者的身份［J］. 中国翻译，2000（6）：20-24.

［10］王涛，鹿鹏. 翻译技术的理念与分类［J］. 中国科技翻译，

2008（1）：20-23.

　　［11］张淑华，李海莹，刘芳．身份认同研究综述［J］．心理研究，2012（1）：21-27.

　　［12］张向东．认同的概念辨析［J］．湖南社会科学，2006（3）：78-80.

　　［13］李文静．译者是谁？译者的身份认同与翻译研究［D］．香港：岭南大学，2011

　　［14］弗兰斯·德莱特．警惕：机器翻译引发全球两大对立阵营——译者不能自砸饭碗［EB/OL］．搜狐网，2017-12-01.

　　［15］HALL S. Questions of cultural identity［M］．London：SAGE publications，1996.

　　［16］MOORKENS J，O' BRIEN S. Assessing User Interface Needs of Post-Editors of Machine Translation［M］．London：Routledge，2017.

　　［17］PYM A D．On translator ethics：principles for mediation between cultures［M］．Philladephia：John Benjamins Publishing，2012.

　　［18］STRYKER S．Identity theory：Developments and extensions［J］．k. yardley & t. honess self & identity psychosocial perspectives，1987，2（5）：89-103.

　　［19］BROWN R. Social identity theory：past achievements，current problems and future challenges［J］．European Journal of Social Psychology，2000，30（6）：745-778.

　　［20］BEEBY A，FERNANDEZ M，FOX O，et al. Investigating Translation Competence：Conceptual and Methodological Issues［J］．Meta，2005，50（2）：609-619.

　　［21］HOFSTADTER D. The Shallowness of Google Translate［EB/OL］．The Atlantic，2018-08-23.

　　［22］MARR B. Will machine learning AI make human translators an endangered species？［EB／OL］.Forbes，2018-08-24.

四、拓展阅读

①MUNDAY J. Evaluation in Translation：Critical Points of Translator Decision-making［M］. New York：Routledge，2012.

在这部专著中，作者借鉴"评价理论"对政论、科技和文学等文本中的译者决策进行了详细地描述和阐释。他认为"评价"就是指译者的主观立场是如何在文本中得以实现的。本书试图构建评价译者决策的一般性理论，从而为译者主体性的研究提供新途径。

②ROBINSON D. Who Translates？Translator Subjectivities Beyond Reason［M］. New York：SUNY Press，2001.

作者在书中探讨了作用于译者身上的各种力量，不仅包括来自译者自身的力量，而且也包括来自外部的、意识形态、市场经济等干扰力。作者认为，后理性主义的翻译观并不是建立在译者对词语和意义的理性控制之上，而是建立在译者对来自外界的声音和文本之上。

③劳伦斯·韦努蒂.译者的隐身：一部翻译史［M］.上海：上海外语教育出版社，2004.

本书通过回顾17世纪到今天的翻译史，向读者展示了以往的译者在翻译史中的"隐身"，即以流利性而非其他翻译策略塑造英语文学经典。基于后殖民主义视角，作者强调应该采取"抵抗式"的翻译，并选择"异化"的翻译策略来追求文化的差异性和多样性。这所造成的结果也就是"译者的显身"，即"译者主体性的凸显"。

④熊兵娇.实践哲学视角下的译者主体性探索［M］.北京：中国书籍出版社，2016.

作者以实践哲学为理论视角，试图走出理论哲学视角下的观念世界，超越主体性那种自我、自我意识的主观理性的匡围。借鉴马克思实践哲学的主体与主体性概念，对译者主体及其主体性内涵进行重新界定，强调译者是实践主体，凸显译者作为实践主体的实践主体性。

⑤葛校琴．后现代语境下的译者主体性研究［M］．上海：上海译文出版社，2006．

作者以后现代理论中的反主体性思想为理论根据，应用文化批评的论述模式，分析和解释后现代翻译理论中的译者主体性现状。

⑥段峰．文化视野下文学翻译主体性研究［M］．成都：四川大学出版社，2008．

作者以翻译研究的文化转向为背景，在文化的视野下，运用文化诗学主体性、文化性和对话性理论以及其他相关理论，研究文学翻译主体性问题，包括文学翻译主体从作者转换为译者的原因、过程及其影响；作者主体性、译者主体性和读者主体性各自的地位与作用、它们之间的关系以及译者主体性的结构、内涵及其作用。

第八章

翻译伦理研究

一、研究背景

在汉语里，伦理原指"人伦之理"。英文中"ethics"一词源于希腊语中的"ethos"，意指风俗习惯与品格。在当代，中西方"伦理"一词的含义逐渐趋近，是指一定社会的基本人际关系规范及其相应的道德原则①。作为一门指导如何做人和如何做事的学问，伦理学与多学科进行结合，成为指导研究的规范。

翻译作为一项跨语言、跨文化、跨社会的人际交往活动，必然会受到社会规范的制约，同时要遵循相应价值观念的预设。翻译的伦理思考由此可以分为两条路径，即广义概念上的翻译伦理和狭义概念上的翻译伦理。广义上的翻译伦理就是指对翻译规范、翻译原则、译者职责等问题进行思考。针对这些问题，古今中外众多翻译实践家和翻译理论家都进行了论述，但并不系统，多分散于译作的序言、后记等处。狭义上的翻译伦理则在近几十年才得到关注，即如何对翻译行为和翻译行为主体进行规范的研究。真正让翻译伦理走入翻译研究视野的要数法国翻译理论家贝尔曼（Antoine Berman）。在他的思想引导下，韦努蒂（Lawrence Venuti）、切斯特曼（Andrew Chsterman）、皮姆（Anthony Pym）等众多学者为翻译伦理理论体系的构建作出了不可磨灭的贡献（具体理论见案例分析），并且促

---

① 朱贻庭．伦理学大辞典［M］．上海：上海辞书出版社．2002：14-15.

使翻译伦理成为了翻译研究中的重要话题。

二、研究现状

（一）研究趋势与研究热点

我国的翻译伦理研究自 2004 年起便呈逐年上升趋势，并于 2013 年达到峰值，随后每年研究数量开始逐渐趋稳。我国的翻译伦理研究主体聚焦在"切斯特曼""韦努蒂"两位学者的理论研究上。其中切斯特曼提出的翻译伦理模式较为清晰，很多学者套用这一模式展开论述。而韦努蒂提出的"存异伦理"则符合当前中国文化"走出去"的大背景，从而被国内研究者广泛引用。从文本体裁上来看，翻译伦理研究主要关注文学文本，并以《红楼梦》、林语堂、葛浩文译作为主。

（二）研究模式

具体来说，国内的翻译伦理研究主要可分为理论和应用两个方面。

1. 翻译伦理的理论研究

由于翻译伦理研究起源于西方，因此早期学者多进行引介工作。如申迎丽和全亚辉通过对《译者》特刊《回归到伦理问题》的介绍，使国内读者了解到了国际译学研究的新动向①。在译介国外学者翻译伦理观点的基础上，国内学者也开始思考本土化的翻译伦理理论。如王大智发表了一系列文章，针对翻译伦理研究的必要性、翻译伦理的概念与中国传统翻译思想之中的伦理因素进行了论证；方薇的系列研究从理论层面分析了翻译伦理的合法性；胡庚申还结合其所提出的"生态翻译学"对译者责任进行了明确②。孙致礼则借鉴切斯特曼翻译伦理模式，结合中国的翻译实际，提出并阐述了译者的 5 种翻译职责：再现原作、完成委托人的要求、符合目

---

① 申迎丽，全亚辉．翻译伦理问题的回归——由《译者》特刊之《回归到伦理问题》出发［J］．四川外语学院学报，2005（2）：94-99.
② 胡庚申．从"译者中心"到"译者责任"［J］．中国翻译，2014（1）：29-35，126.

的语社会文化的规范、满足目的语读者的需求与恪守职业道德①。

2. 翻译伦理的应用研究

国内很多学者运用上述翻译家所提出的翻译伦理理论，对具体的案例进行了分析。如涂兵兰的系列研究就聚焦于清末、民初多位译者的翻译伦理模式；臧夏雨以影视翻译为例，从语言和伦理两个层面解析译者有意识的不忠实行为②；郝军以孙致礼《傲慢与偏见》的中译本为例，从语言、风格和文化三个方面分析翻译伦理如何指导、制约译者主体性的发挥③；刘嘉参考蒙娜·贝克（Mona Baker）提出的理论框架，并借鉴叙事伦理学的观点，对五三版《牛虻》译著中的叙事建构以及由此引发的翻译伦理问题进行了深入剖析④。

三、案例分析

（一）案例导读

本文是笔者和陈海庆共同所撰，发表于《东北大学学报》（社会科学版）2020 年第 1 期的一篇论文。本文属于翻译伦理理论研究型成果。区别于对既往翻译理论家的翻译伦理思想梳理，本文将翻译伦理研究置于当前技术时代，探讨了以往研究的不足并提出了新时代的翻译伦理拓展。总体而言，研究遵循着发现问题、分析问题并解决问题的思路。引言部分指出了本文的研究背景、现有研究成果以及研究问题。第一部分，"翻译伦理的研究现状与局限"是对以往翻译伦理研究的归纳。在文中，笔者将翻译伦理分为理论研究和应用研究两个层面进行综述，随后从 3 个方面指出了

---

① 孙致礼．译者的职责 [J]．中国翻译，2007（4）：14-18，94.

② 臧夏雨．从翻译伦理视角论译者有意识的"不忠"——以电影《叶问Ⅰ》和《翻译风波》为例 [J]．中国翻译，2012（2）：95-97.

③ 郝军．翻译伦理视域下的译者主体性研究——以孙致礼《傲慢与偏见》中译本为例 [J]．广东外语外贸大学学报，2013（2）：76-78，83.

④ 刘嘉．五三版《牛虻》译著的叙事建构及翻译伦理探微 [J]．外国语（上海外国语大学学报），2015（2）：65-72.

当前研究存在的不足。第二部分，"翻译技术对翻译伦理提出的挑战"则结合当前翻译研究的新特点，指出了现有理论的局限。第三部分，"翻译技术时代的翻译伦理研究拓展"基于当前研究的不足，从翻译技术的研发、使用和教育三个环节出发，对技术化翻译活动中多元主体所应肩负的责任与义务进行探讨，并提出了相应的应对策略。

（二）案例正文

技术化时代的翻译伦理研究：挑战与拓展

李晗佶，陈海庆

摘要：作为翻译研究中的重要议题，翻译伦理已经得到了学者们的广泛关注。但是当前这一领域在理论和应用层面的研究却存在着可操作性不强、规约主体单一和缺乏对技术观照等局限。面对技术化时代对传统翻译伦理在规约主体、规约标准和规约场景等方面所造成的挑战，有必要从翻译技术研发、使用和教育的不同阶段出发，对技术人员、"译者"群体以及教育工作者所应承担的责任与义务进行明确，从而拓展翻译伦理的研究范畴，同时促进翻译技术的和谐、有序发展。

关键词：翻译技术；翻译伦理；职业道德；译者；翻译教育

翻译作为一项跨语言、跨文化、跨社会的人际交往活动，必然会受到社会规范的制约，同时要遵循相应的价值观念预设。鉴于翻译与伦理学之间的密切联系，翻译伦理（Translation Ethics）已经成为了当今翻译研究中的重要课题，国内外学者展开了充分地探讨。伴随着信息技术、网络技术与认知科学等领域的不断发展，翻译这一古老人类实践活动在工作方式上发生了新变化。克洛宁（Michael Cronin）[1]，奥黑根（Minako O'Hagan）[2]，张霄军、贺莺[3]，张成智、王华树[4]等学者从技术开发、技术使用、技术教育和技术研究等角度出发，指出翻译已经出现了"技术化转向"（Technological Turn）趋势，即翻译实践已经由纯人工翻译转变为人工翻译与信息技术相结合。技术的介入使得翻译速度得到了大幅提升、译文质量逐渐优化、覆盖语种不断拓展、知识获取方式也日趋智能。一方面，技术进步带来了生产力的提升；另一方面，其研发和使用过程也解构了传统翻译实践活动中固有的伦理关系。少数学者如肯尼（Dorothy Kenny）[5]、瓦西莱斯库（Ruxandra Vasilescu）[6]、希门尼斯-克雷斯波（Jiménez-Crespo）[7]、蓝红军[8]等已经注意到了从伦理角度审视翻译技术的重要性并进行了初步的探索。总体来说，学术界对这一问题的研究还相对匮乏。基于上述理论研究上的不足以及翻译技术发展所带来的现实矛盾，本文试图回答如下问题：（1）当前的翻译伦理研究现状如何？又存在哪些局限？（2）翻译技术的发展对以往的翻译伦理造成了哪些挑战？（3）技术时代的翻译伦理应该如何拓展来予以应对？

一、翻译伦理的研究现状与局限

翻译伦理是指如何对翻译行为和翻译行为主体进行规范的研究[9]。作为翻译学和应用伦理学跨学科联动的产物，翻译伦理继承了二者所具有的理论与实践双重性质。由此，当前的翻译伦理研究也分为理论探讨和实践应用两个层次。

（一）翻译伦理的理论探讨层面研究现状

回顾中西方翻译史，我们可以发现，许多翻译家通过零散译论就翻译中的规范、标准等伦理问题进行了初步探讨。翻译伦理作为独立的概念首次出现在 1895 年诺兰（John S. Nollen）所发表的一篇名为 *The Ethics of Translation* 的文章中。直到 20 世纪 80 年代，法国翻译理论家贝尔曼才使得这一领域得到了学术界的广泛关注。受到德国浪漫主义文艺学思潮的影响，贝尔曼对译者长期以来所处的不平等地位与"忠实"的翻译标准进行了反思。强调翻译伦理应该与翻译历史和翻译分析一道，成为新时代翻译学所关注的领域[10]。贝尔曼指出翻译就是责任，译者会受到道德约束[11]。贝尔曼对于翻译伦理的洞见不仅为传统的翻译研究开辟了新的领域，同时也直接启发了后世学者的思考。受到解构主义哲学思想的洗礼，美国翻译理论家韦努蒂（Lawrence Venuti）他强调翻译中"存异伦理"（Ethics of

Difference）的重要作用[12]。他认为译者需要选取在本土被边缘化的文本，并用陌生化的语言进行表述，以消除译入语读者的熟悉感，从而与英语语言、与欧美中心主义的文化霸权进行抗衡[13]。芬兰翻译理论家切斯特曼（Andrew Chesterman）从道义逻辑和价值哲学视角出发，基于清晰（Clarity）、真实（Truth）、信任（Trust）和理解（Understanding）四种基本价值，提出了译者需要遵循四项规范，即期待规范（Expectancy Norms）、关系规范（Relation Norms）、交往规范（Communication Norms）和责任规范（Accountability Norms）[14]。切斯特曼在进一步研究中对翻译规范理论进行了修正，总结出了翻译伦理的五种模式，即再现的伦理（Ethics of Representation）、服务伦理（Ethics of Service）、交往伦理（Ethics of Communication）、规范伦理（Norm–Based Ethics）和承诺伦理（Ethics of Commitment）。同时仿照最古老的医生执业伦理《希波克拉底宣言》（The Hippocratic Oath），他撰写了包含九条翻译职业伦理《圣哲罗姆宣言》（The Hieronymic Oath）[15]。澳大利亚学者皮姆（Anthony Pym）不满足于翻译伦理研究中理论与实践脱节的现状，认为翻译是一种交际行为，是一种为客户所提供的专业服务。基于这种对翻译本质的认识，他指出应该从文化间性角度出发，以"译者伦理"（Translator Ethics）来替代翻译伦理。通过分析译者的多重身份，皮姆总结出译者伦理的5大原则，即：译者一旦接受翻译任务就要对其负责；译者要为译作可能产生的影响负责；译者不应该受到译入语和源语文化的影响；翻译的成本不应该超过合作带来的收益；译者有义务保障长期、稳定的跨文化交流[16]。在2001年，受邀为《译者》（The Translator）杂志特刊《翻译研究中的回归伦理》（The Return to Ethics in Translation Studies）撰写导言，皮姆回答了翻译伦理再现什么？翻译伦理为谁服务？翻译伦理是他者还是道义？以何种名义践行翻译伦理等争论，最后明确指出"翻译研究已经回归到对伦理问题的探讨"[17]。

与上文所提及的四位西方翻译伦理研究代表人物相比，我国学者对这一领域的关注相对较晚。2001 年，吕俊在《跨越文化障碍——巴比塔的重建》一书中提出了利用交往行为理论（Communicative Action）来规范翻译行为的设想，从而拉开了国内翻译伦理研究的序幕。此后，学者们对国外的翻译伦理思想予以引介并进行了详尽的解读，同时利用相关理论对翻译作品、翻译过程和译者行为进行了大量的分析性研究。作为当前国内翻译研究中重要的组成部分，翻译伦理领域不仅成果丰硕，同时也涌现了多位代表性学者：王大智先后发表了《关于展开翻译伦理研究的思考》《"翻译伦理"概念试析》等多篇论文，不仅对翻译伦理研究的必要性与合理性进行了阐释和说明，同时还明确了翻译伦理的概念与研究范畴，为此后的研究奠定了坚实的基础；彭萍于 2013 年出版了《翻译伦理学》一书，对翻译伦理进行了深度且系统的论述，为我国这一领域的研究提供了有力的框架支撑。除此之外，国内学者在近些年也发表了诸多原创性的研究成果。西方翻译伦理深深植根于其固有的文化底蕴、语言特征与社会价值之中；而在我国博大精深的思想宝库中，诸如"忠恕""和而不同"与"求同存异"等儒家生态伦理思想就成为了本土化翻译伦理的思想根基。《清末译者的翻译伦理研究》《伦理视角下的中国传统翻译活动研究》与《翻译与翻译伦理：基于中国传统翻译伦理思想的思考》等专著的出版和大量学术论文的发表无疑为国内翻译伦理研究拓展了全新的视角。

（二）翻译伦理的实践应用层面研究现状

在理论层面探讨之外，许多学者结合翻译实践特点对翻译伦理展开了更为具体的探讨。法国学者葛岱克（Daniel Gouadec）指出，译者在专业翻译团队中的地位并非是一成不变的：在纯文本翻译活动中，译者毋庸置疑居于核心位置；但是在现实的翻译任务中，译者并不是项目的提供者，因此只扮演位于边缘的参与者角色。基于这种翻译活动中的复杂关系，他不仅提出了译者需要遵守的职业道德，同时还明确了项目提供者、审校人员、项目监管者等需要承担的责任[18]。我国学者许宏认为应用翻译伦理究其本质而言就是翻译职业伦理，也就是翻译行业工作人员在翻译活动中所应遵守的道德，其核心总在于如何做好翻译服务。译者在当今翻译市场中处于中心位置，因此需要调和翻译活动中多元主体间的关系和矛盾[19]。刘连姝对译者的职业道德认证体系建构发表了自己的看法，她指出能力、保密、公正、准确和诚信是需要被考量的因素[20]。

此外，全球不同国家和地区的翻译工作者协会也制定了本土化的行业规范。1963 年国际翻译工作者联合会（International Federation of Translators）制定并通过了《翻译工作者章程》（*The Translator's Charter*），不仅明确译者的权利和义务，同时也为翻译职业和翻译活动提供切实的道德规范基础。美国翻译协会（American Translators Association）先后出台了《操守准则与职业规范》《职业道德和职业权益》《道德标准与职业规范》等多份文件对译员和翻译公司需要遵守的责任和享有的权益进行了阐述。澳大利亚翻译协会（Australian Institute of Interpreters and Translators）的《澳大利亚翻译协会职业道德规范》经过不断修订，从道德规范（code of ethics）和行为规范（code of conducts）两方面提出了规范翻译行业的基本原则，同时还对每一项原则进行了详细的注解。我国的翻译行业守则制定工作起步相对较晚，中国翻译者协会于 2005 年发布的《翻译服务行业职业道德规范》从总则、满足顾客需求、合作双赢、行业自律有序竞争四个方面出发，通过 18 条细则对翻译服务行业的市场秩序进行了规范。

（三）当前翻译伦理研究的局限

通过上文论述我们不难发现，翻译伦理在迄今 30 余年的发展历程中，其理论建设和实践应用两方面都取得了令人瞩目的成果，研究的重要性也得到了学界和翻译行业的普遍认同。但与此同时，其中也存在着一些问题。

首先，当前的翻译伦理研究理论与实践相脱节。从理论层面的研究成果来看，主流的翻译伦理思想均源自不同的思想根基。贝尔曼和韦努蒂更多关注如何在文学翻译中凸显出文化的异质性色彩，这就使得他们的理论在实践语境中缺乏广泛的适用性，并不适用于所有翻译活动。相较而言，皮姆和切斯特曼则更加关注对译者权利规范的可操作性，但是他们的理论同样存在着界定模糊和内容空泛等问题。如皮姆对译者角色的认识过于理想化，即译者可以在中立的文化空间内进行信息交流，而实际的翻译活动难以同政治、经济、宗教等因素绝对的区分。再如切斯特曼虽然提出了约束译者的伦理模式，但是这种过于绝对化和简单化的模式对翻译活动中遇到的现实问题缺乏充足的解释力。国内学者同样注重理论的宏观探讨，缺乏具体且行之有效地解决方案。相较于抽象的理论研究，应用层面的翻译伦理研究的可操作性得到了大大的增强。但是通过对九个国家的译者职业准则进行分析，涂兵兰等学者发现，尽管章程中都列举了译者所需遵守的职业准则并对具体应用情境进行了解析，但是由于伦理准则的职业性、文化多样性及其模糊性等特征，从而导致译者在翻译过程中遵守上述准则时表现出"伦理暧昧"的倾向[21]。

其次，当前的翻译伦理多将规约对象集中于译者。不可否认，译者在翻译活动中居于中心地位，并在对原作解读和译作再现过程中展现出选择性、自主性、能动性和创造性等属性。由此，当前翻译伦理研究多在强调译者在翻译活动中所应承担的责任。皮姆更是提出了翻译伦理就是译者伦理的口号。但是我们同样应该意识到，翻译活动，尤其是当今的职业化翻译并非是译者能够独自完成的工作，读者、作者、赞助人、活动发起者等其他主体都将对最终的翻译结果产生影响。因此，翻译是一种主体间性的伦理活动，而译者伦理只是翻译伦理的次级范畴[22]。仅关注译者的个人伦理取向无法全面、客观地呈现翻译职业伦理所应具有的约束作用。

最后，当前的翻译伦理忽略了对翻译技术的探讨。由于理论提出的时间较早，同时也出于各自不同的学术兴趣，诸如贝尔曼、韦努蒂和切斯特曼等学者的翻译伦理思想并未涉及有关翻译技术的相关内容。虽然皮姆在《翻译伦理与电子技术》（*Translational Ethics and Electronic Technologies*）一文中指出了从翻译伦理对翻译技术进行研究的必要性[23]，但是与其早期提出的译者伦理相比，翻译伦理层面的技术审视并未获得学术界的广泛关注。在翻译伦理的应用层面，多尔玛雅（Julie McDonough Dolmaya）通过分析来自 15 个国家的 17 份职业翻译协会的职业准则，发现只有保密性（Confidentiality）和能力（Competence）两点在所有的准则中进行了规约，而没有任何一份职业准则对软件和技术的使用做出相应的规范[24]。由此可见，翻译技术在当前的翻译伦理研究当中尚处"真空地带"。

二、翻译技术对翻译伦理提出的挑战

翻译技术，就是指翻译服务人员在翻译过程中综合应用的各种技术，按照译者的工作视角可分为机器翻译工具、计算机辅助翻译工具、一般工具和电子资源四类[25]。随着人工智能、机器学习、大数据技术等领域的不断突破，日益智能化的翻译技术已经成为了职业译者不可或缺的帮手。面对翻译能力、翻译对象、翻译流程、翻译标准等方面发生的新变化，翻译技术的出现对传统的翻译伦理研究提出了严峻的挑战，主要体现在以下三个方面。

（一）翻译伦理规约主体的多元化

翻译作为一种具有交互主体特征的人类实践活动，对其进行伦理学层面的研究就必然要涉及交往活动中不同主体间的内在关系问题。在传统的翻译活动中，除译者、读者、作者等翻译内部主体外，翻译活动外部如项目提供者、监管者、审校人员等都对最终的翻译成果同样起到重要的保障作用。正是意识到了"集体责任"的重要性，应用层面的翻译伦理研究才突破了理论层面拘泥于译者责任的藩篱，将视角拓展到了翻译活动中广义概念上的参与者。但翻译技术在对翻译形式带来变化的同时，也进一步丰富了参与翻译活动的主体范畴。如肯尼（Dorothy Kenny）就指出，当前的翻译人际活动涉及伦理问题的他者（Others）包括技术研发者、技术管理人员和消费者、源语作者、译者、译后编辑员、实习译者以及翻译教育者等[5]。这些在翻译技术研发、使用和教育阶段出现的新的主体应该承担何种义务和责任，又享有哪些权利则是目前翻译伦理没有回答的问题。

（二）翻译伦理规约标准的模糊化

长久以来，受到作者意图和原文文本的约束，译者被要求遵循"忠实"的伦理原则来实现原作与译作之间的"等值性"转换。因此，翻译伦理理论研究所探讨的主题就围绕着译者对原文的忠实与反叛来进行。应用层面则强调译文质量对于翻译职业、译者价值的重要作用。但是在当今时代，以往的翻译伦理规约标准已经不能满足信息交流的快速步伐。全球经济与交往节奏的不断加快不仅要求译者要在越来越短的时间内完成任务，同时也意味着资金成本的大幅削减。翻译记忆（Translation Memory）等技术手段的出现弥补了人工译员在工作效率、认知能力与劳动成本等诸多方面不足。不同于传统"作坊式"翻译实践中翻译家对译作所进行的精心打磨，如今翻译任务提供方在质量上甚至提出了"能看就行"的要求。同样结合职业的社会地位、薪资酬劳等因素，译员往往出于自身利益考量，会最大程度地利用记忆库中的已有语言资源，从而减少自己的认知努力并提升翻译速度、增加翻译任务量。由此可见，除翻译质量外，翻译价格、交付速度同样成为了衡量翻译任务成功与否的重要标准。这种潜在社会价值导向的合理性以及其对翻译职业造成的影响同样需要翻译伦理加以约束。

（三）翻译伦理规约场景的数字化

翻译技术的发展不仅为译者带来了全新的翻译工具，同时全新的工作组织和协作模式也应运而生。如众包翻译（Crowdsourcing Translation）的出现就颠覆了传统的译者工作场景，呈现出非在场化和数字化的趋势。这种把任务外包给网络上的志愿译员的新兴翻译模式已经被国内外的众多机构和民间团体所采用，其重要的社会价值就在于整合闲散人力资源，利用"集体智慧"在较短时间内完成以往需长时间才能完成的浩大工程。但是对于译者身份、翻译动机、管理模式等方面的变化，以往的翻译伦理已经不足以对其进行解释。

三、技术时代的翻译伦理研究拓展

针对当前翻译伦理研究存在的不足以及翻译技术对其所带来的一系列

挑战，本文认为有必要结合翻译技术的自身特性进而对翻译伦理研究范畴进行拓展。为了解决以往研究中理论和实践相脱节的问题，我们需要从翻译技术的研发、使用和教育三个环节出发，从而细化不同阶段所面对的伦理挑战；同时为了规避现有翻译伦理研究规约主体集中于"译者"的局限，我们应该对技术化翻译活动中多元主体所应肩负的责任进行探讨。通过增强理论的可操作性与对实践的指导性，这种模式无疑能够为当前翻译技术所带来的伦理问题提供更加行之有效地解决方案。

（一）翻译技术研发过程中技术人员的责任

作为技术化翻译活动的初始环节，翻译技术研发不仅直接关系到最终翻译质量的优劣，同时也对技术使用者产生直接或间接的影响。因此，作为翻译技术研发主体的技术人员也成为了需要被纳入到翻译伦理探讨范畴的重要一环。对于技术研发者所应肩负的责任，本文认为需要从以下两个方面进行考量。

首先，大数据伦理下翻译技术学习语料来源合法性问题。以机器翻译语料来源为例，目前机器翻译系统以数据取代了人的位置，利用数学模型对自然语言进行描述并对语言间的机器自动训练，在工作效率提升的同时也降低了研发、使用成本。但是机器自主学习的语料合法性却一直被我们所忽视。无论是采取网络自动抓取还是对出版物进行扫描识别，技术开发者所获取的双语平行语料都来自于专业译者。德鲁加（Jo Drugan）和巴比迟（Bogdan Babych）将机器翻译的语料来源分为两类，即政府和国际组织公开出版的翻译文本与共享的翻译资源和服务。前者通常不涉及严重的伦理问题，因为其不是保密的，同时其产生利用了公共资源，其目的就是为了公众进行使用和参考；而后者则存在着的伦理争议[26]。以谷歌翻译（Google Translate）提供的在线译者工具包 Google Translator Toolkit 为例，个人译者利用它对谷歌自动机器翻译所做出的改动都会用来改进未来的机器翻译质量。百度翻译在用户使用协议中也标明"百度尊重并保护所有使用百度用户的个人隐私权，但百度公司在此提醒用户：您在使用百度翻译时输入的内容将不被认为是您的个人隐私资料"。如果所输入的语料含有个人隐私或者商业机密，那么使用者文本的保密性就难以得到保护。同时用户无法辨别自己的翻译成果是否被用作机器翻译的改进，也无法知晓自己所使用的机器翻译译文是否是对他人成果的复用，因此有关所有权、版权等问题都值得我们进行思考。针对上述问题，传统翻译伦理中对译者行为的规范就不再适用，技术研发者在翻译技术的开发和管理过程之中所应承担的伦理责任可以参考大数据隐私伦理方面的研究成果，通过加强用户使用翻译技术的主体治理、翻译技术研发者的技术价值敏感性以及创建并完善有关伦理道德和法律条款来进行解决。

其次，技术伦理下人性化翻译技术设计的缺位问题。日益智能化的翻译技术使得技术研发与技术使用之间呈现出紧张的态势。莫肯（Joss Moorken）和奥布莱恩（Sharon O'Brien）的研究显示，译后编辑（Post-editing）经常需要译者对其中重复性错误进行机械性的改动，由此使得原本富有创造性的翻译活动被切分为一系列简单的任务，从而发生了"去技能化"的趋势。此外，客户对翻译质量的要求逐渐降低，这就意味着译者无须尽全力投入到工作之中，从而影响了译者的工作热情[27]。面对当前技术研发与技术使用中出现的种种矛盾，我们应该从技术伦理中学习经验。王国豫提出了构建基于"和谐"的技术伦理学的设想，即坚持将和谐作为目的原则、公正作为体制原则、实践智慧作为战略原则，以及把和谐与可持续发展作为评价原则[28]。为了促进人与技术的和谐发展，我们需要铭记技术为人服务的宗旨。译者与技术的良性交互对译者、翻译职业和翻译过程都会产生积极影响。对人机交互研究的深入有助于提升翻译技术的可用性，从而消除人们对技术产生的负面情绪。这就需要破除"语言学""计算机科学"与"数学"之间的学科壁垒，同时打通"开发者"与"终端用户"之间的隔阂，通过对话的方式共同促进翻译技术人性化的发展。

（二）翻译技术使用过程中"译者"的义务

翻译技术的普遍应用扩大了"译者"的内涵，除职业化译者外，很多非职业译者也纳入到了"译者"的行列。为此，我们有必要对职业译者与非职业译者在翻译活动中所应承担的义务进行梳理。

首先，质量的坚守依旧是职业译者需要遵循的首要义务。在当前的职业化翻译中，对机器翻译译文进行修改和润色成为了译者的主要工作。对译文进行轻度译后编辑（Light Post-Editing）或充分译后编辑（Full Post-Editing）的选择就展现出译者的伦理倾向及其对翻译规约标准的理解。越少改动就意味着译员付出越少的认知努力，可想而知译文质量无疑会受到影响。如果仅限于产出可以阅读的译文而放弃更高层次的追求，那么译者是否遵循了翻译伦理规约便值得商榷。此外，翻译记忆的使用也同样值得重视。这种技术的应用不仅减少了译者的重复劳动，同时对项目协作、翻译风格和快速输入等方面有很大帮助。但是翻译记忆的广泛应用也对翻译质量的伦理规约提出了新的挑战。从工作模式上看，皮姆认为，翻译记忆使得目前的翻译任务碎片化，原文与译文文本性（Textuality）的缺失似乎使得不懂语言、只懂技术的人在当下也可以进行翻译。选择就意味着风险，而翻译作为一种充满选择的活动，由于文本性的缺失，在当下似乎将这种风险由译者转嫁给了数据[29]。从翻译质量上来看，数据库的准确性和后续维护同样存在问题。译者往往将翻译记忆提供的译文视为唯一正确的选择，这就可能导致错误的不断传播。蓝红军指出技术发展和使用使得翻译的标准更具多元性与可量化性[30]。但是这并不意味着翻译质量的规约标准就可以无底线的降低。在当今技术化时代，人工翻译、机器翻译和译后编辑都是保证翻译质量体系中不可缺少的重要环节。技术使用的目的就在于辅助和便利人类进行实践活动，译者只有遵循伦理规范的约束才能够彰显翻译活动的本质并保证翻译质量的良性发展。如前文所述，人工翻译是当前机器翻译的语料来源；机器翻译的初始输出直接影响译后编辑所付出的努力与编辑后译文的流畅性；而经过译后编辑的文本又会存储为翻译记忆从而为未来的机器翻译提供参考，如此循环往复。只有保证每一环节的翻译操作主体都利用伦理标准规约自己的实际操作，未来的翻译质量才能够得到保障。

其次，非职业译者的翻译活动需要有效约束。众包翻译模式的成功依赖于良好的管理与健康的生态模式，数字化时代的翻译伦理已经不仅局限于专业译者的伦理取向，专业译者与非专业译者所秉持的伦理差异就在于职业译者赢得了信任与责任。多尔玛亚（Julie McDonough-Dolmaya）的研究认为，判断众包翻译参与者的伦理意图不仅取决于其是否盈利，同时还应考虑参与项目的性质以及对公众的影响[31]。不同于传统的职业译者准则，开源和分享是互联网翻译行业的伦理基础。当今的网络翻译社区有其独特的问题解决方案，通过参与者的自我约束、社区的规则、对规则的详尽解读、强调共同价值和强有力的监管能够实现众包翻译的良性发展。

（三）翻译技术教育过程中教育工作者的职业道德

翻译技术教育不仅担负着对未来从业者技术能力培养的重任，同时在技术研发中起到不可替代的作用。因此，当今时代的翻译伦理也应将其纳入到研究的范畴体系之中，具体可以从技术时代的翻译伦理教学与教师职业伦理两个方面展开。

首先，技术时代的翻译伦理教学应该得到应有的重视。除具象化的翻译准则、协会章程等条款外，翻译伦理更多作为一种思维方式综合体现在翻译活动的整体过程之中。为此，贝克（Mona Baker）和迈尔（Carol Maier）提出了翻译职业伦理教学的三条重要原则：第一，教学内容应该帮助学生培养思维方式并评估影响；第二，教学内容应该为学生提供解决翻译实践中伦理困境的具体策略；第三，教师应模拟真实环境让学生进行道德选择并预见影响[32]。根据最新的调查数据显示，国内 249 所翻译硕士专业学位（Master of Translation and Interpreting, MTI）培养单位中已有超过半数（125 所）开设了翻译技术相关课程[33]。但是通过进一步分析可以发现，不同高校的课程教学内容多集中于具体的翻译技术使用方法，而忽视了伦理道德层面的教育。为此，本文认为有必要用单独的课时来让学生明确翻译技术研发的目的、适用的合理范畴、与人工翻译之间各自的优势和不足等问题，从而使学生能够辩证看待并合理使用翻译技术。此外，在具体的技术操作场景中，教师也需模拟真实的翻译任务场景，并对其中可能会遇到的伦理困境与学生进行讨论并给出合理地解决策略，从而强化学生对翻译技术使用的伦理意识。

其次，技术化时代翻译教师的职业伦理需进一步强化。翻译教师不仅肩负翻译经验传授的重任，同时还对翻译理论、翻译策略和职业操守进行示范、诠释和展现。对于翻译教师的职业伦理，彭萍认为主要体现在以下两个方面：从道德情操角度来讲，翻译教师应该端正教学态度、明确教学目的、认真备课并做到及时反馈；从专业素质角度来说，翻译教师要满足语言功底、知识储备、实战经验、科研能力以及教学能力五个方面的要求[34]。对于当今时代的翻译教学而言，传统的翻译或英语专业教师由于缺乏从业经验，因此无法适应翻译技术教学操作性、实战性强的特性。因此，在国内逐渐完善的翻译"本、硕、博"培养体系下，会有越来越多符合要求的翻译技术人才为师资队伍注入新鲜的血液。对于从传统翻译教学转型的教师来说，可以通过自学或参与中国翻译协会和语言服务企业所组织相关翻译技术培训来进一步提升自身的知识储备。更为实际且行之有效的办法就在于与翻译服务企业联合，聘请一线从业人员进行授课。校内教师和校外教师各自有其优势，外聘企业教师多年的从业经历对于行业现状，技术应用有自己独到的见解与宝贵的经验，这种知识的传授更有利于学生了解实际的翻译任务并对未来的翻译工作打下坚实的基础。而校内教师则在课程设计、教学技巧、理论传授等方面更具心得。因此，"混合型"师资的相互辅助更有利于课程的教学效果与人才培养目标的达成。

四、结 语

人类活动需要伦理的约束，而作为新兴事物的翻译技术同样也需要及时地加以规范。翻译伦理已经成为了当前翻译研究中的关键议题，同时翻译技术时代下翻译实践的种种巨变在规约主体、规约标准与规约场景等方面也对现有的翻译伦理提出了新的挑战。为此，从翻译技术的研发、使用和教育三个环节入手，明确不同阶段翻译活动主体所应肩负的责任与义务就变得十分必要。关注技术时代的翻译伦理是对现有理论与应用的进一步丰富，为其重新注入了鲜明的时代特色；同时从翻译伦理角度审视翻译技术，也能够为其研发、使用和教育过程提供指引。当然，翻译技术的进步是一个动态的过程，面对日新月异的技术与模式，需要学者不断对翻译伦理的研究内容进行更新和充实，从而实现人与及时之间健康、有序的互动。

参考文献

［1］CRONIN M. The Translation Crowd［J］. Tradumàtica, 2010 (8)：1-7.

［2］O'HAGAN M. The Impact of New Technologies on Translation Studies［M］// MILLÁN C, BARTRINA F. The Routledge Handbook of Translation Studies. London：Routledge, 2012：503-518.

［3］张霄军，贺莺. 翻译的技术转向——第20届世界翻译大会侧记［J］. 中国翻译, 2014 (6)：74-77.

［4］张成智，王华树. 论翻译学的技术转向［J］. 翻译界, 2016 (2)：104-118.

［5］KENNY D. The Ethics of Machine Translation［J］. International Journal of Non Linear Machanics, 2011.

［6］VASILESCU R. Ethical Issues in Machine Translation［J］. Linguistic and Philosophical Investigations, 2014 (13)：227-232.

［7］JIMÉNEZ-CRESPO M A. Crowdsourcing and Online Collaborative Translations：Expanding the Limits of Translation Studies［M］. Philadelphia：John Benjamins Publishing Company, 2017.

［8］蓝红军. 关于翻译技术伦理性的思考［J］. 上海翻译, 2019 (4)：8-13, 94.

［9］王大智. "翻译伦理"概念试析［J］. 外语与外语教学, 2009

（12）：61-63.

［10］BEHRMAN A. L'èpreuve de L'ètranger, Culture et Traduction Dans L' Allemagne Romantique ［M］. Paris：Editions de Gallimard, 1984：23.

［11］BERMAN A. Pour une Critique des Traductions：John Donne ［M］. Paris：Editions de Gallimard, 1995：92.

［12］VENUTI L. The Scandals of Translation：Towards an Ethics of Difference ［M］. London：Routledge, 1998：11.

［13］杨镇源. 翻译伦理研究 ［M］. 上海：上海译文出版社, 2013：60.

［14］CHESTERMAN A. Proposal for a Hieronymic Oath ［J］. The Translator, 2001 （2）：139-154.

［15］CHESTERMAN A. Memes of Translation：The Spread of Ideas in Translation Theory ［M］. Amsterdam：John Benjamins Publishing Company, 1997：147-189.

［16］PYM A. On Translator Ethics：Principles for Mediation between Cultures ［M］. Amsterdam：John Benjamins Publishing Company, 2012：165- 168.

［17］PYM A. Introduction：The Return to Ethics in Translation Studies ［J］. The Translator, 2001 （2）：129-139.

［18］葛岱克. 职业翻译与翻译职业 ［M］. 刘和平, 文韫, 译. 北京：外语教学与研究出版社, 2011：175-190.

［19］许宏. 应用翻译伦理研究 ［J］. 上海翻译, 2016 （1）：19- 24, 93.

［20］刘连娣. 职业道德与翻译资格 ［J］. 上海翻译, 2006 （1）：74-77.

［21］涂兵兰, 胡颖, 聂泳华. 伦理暧昧：一项关于翻译职业伦理准则的调查 ［J］. 外语与翻译, 2018 （4）：20-26.

［22］杨洁，曾利沙．论翻译伦理学研究范畴的拓展［J］．外国语，2010，33（5）：73-79.

［23］PYM A. Translational Ethics and ElectronicTechnologies［C］//A Profssionalização do Tradutor. Lisboa：Fundaçãopara a Ciência e a Tecnologia/ Uniao Latina，2004：121-126.

［24］DOLMAYA J M. Moral Ambiguity：Some Shortcomings of Professional Codes of Ethics for Translators［J］．The Journal of Specialised Translation，2011（15）：28-49.

［25］王涛，鹿鹏．翻译技术的理念与分类［J］．中国科技翻译，2008（1）：20-23.

［26］DRUGAN J . Shared resources，shared values? Ethical implications of sharing translation resources［C］//Jec2010：Proceedings of the Second Joint Em+/cngl Workshop：Bringing Mt to the User：Research on Integrating Mt in the Translation Industry，2010：3-9.

［27］MOORKENS J，O'BRIEN S. Assessing User Interface Needs of Post-Editors of Machine Translation［M］//KENNY D. Human Issues in Translation Technology. London：Routledge，2017：109-130.

［28］王国豫．技术伦理学的理论建构研究［D］．大连：大连理工大学，2007.

［29］PYM A. Translation Technology and Training for Intercultural Dialogue：What to do When Your Translation MemoryWon't Talk with You［M］// DIMITRIU R，KARL-HEINZ FREIGANG K H. Translation Technology in Translation Classes. Iasi：Institutul European，2008：12-27.

［30］蓝红军．翻译研究信息化：新时期翻译研究的发展与挑战［J］．语言与翻译，2017（1）：52-57.

［31］DOLMAYA J M D. The Ethics of Crowdsourcing［J］．Linguistica Antverpiensia，2011（10）：97-111.

［32］ BAKER M，MAIER C. Ethics in Interpreter and Translator Training：Critical Perspectives ［J］. The Interpreter and Translator Trainer，2001（5）：1-14.

［33］王华树，李德凤，李丽青. 翻译专业硕士（MTI）翻译技术教学研究：问题与对策 ［J］. 外语电化教学，2018（3）：76-82.

［34］彭萍. 翻译伦理学 ［M］. 北京：中央编译出版社，2013：278-287.

四、拓展阅读

①PYM A. On Translator Ethics：Principles for Mediation between Cultures ［M］. Philadelphia：John Benjamins Publishing Company，2012.

作者从文化间性角度出发，以"译者伦理"（Translator Ethics）来替代翻译伦理。本书前六章探讨译者的不同身份，包括中间人、信使、职业人士、协调人、传道者/使者、合伙人/合作者。随后，作者总结出译者伦理的五大原则，即：译者一旦接受翻译任务就要对其负责；译者要为译作可能产生的影响负责；译者不应该受到译入语和源语文化的影响；翻译的成本不应该超过合作带来的收益；译者有义务保障长期、稳定的跨文化交流。最后一章阐述译者伦理的五大原则。

②VENUTI L. The Scandals of Translation：Towards an Ethics of Difference ［M］. London：Routledge，1998.

作者认为，翻译作为一种书写形式受尽了耻辱（Scandals）：翻译遭到版权法的排挤，为学术界所轻视，并被出版商、政府、宗教组织所剥削利用。本书站在社会文化这个宏大的立场上来审视翻译问题，分引言和八章就上述问题给出回答。作者操用不同的后结构理论、文化研究理论以及全球化理论，分别就翻译问题给出了鞭辟入里的分析。关于这些耻辱的成因，作者将其总结为两点：第一，是翻译界内部认识的不一致造成了被边缘化；第二，是除翻译界以外的各学科和社会力量的排斥与打压，造成了译者的无名地位。

③许宏．翻译存异伦理研究：以中国的文学翻译为背景［M］．上海：上海译文出版社，2012.

作者在本书中续写历史，对"翻译伦理"观念的变化加以描述，详细地追溯了翻译研究领域里"伦理转向"以及有关发展，并以文学翻译之中的诸多例证分析了"翻译伦理"的意义和价值。是一篇既包含理论阐述、对翻译理论史的描写和审视，又含有文本解读以及例证分析的作品。

④杨镇源．翻译伦理研究［M］．上海：上海译文出版社，2013.

本书致力于通过梳理和总结现阶段国内外翻译伦理研究的成果，依托于西方元伦理学理论，融入"守经达权"这一中国传统伦理思想，在伦理平台上建构翻译的规约机制，以在文化全球化的背景下发挥翻译的积极文化功效，抑制文化全球化的负面效应，同时将研究成果运用于中国译坛，探讨如何从翻译伦理的维度发展中国的文化事业，在文化全球化的潮流中提升国家的文化软实力。

⑤彭萍．翻译伦理学［M］．北京：中央编译出版社，2013.

本书将翻译学与伦理学结合在一起，首次系统地探讨翻译伦理学的学科性质、地位、研究对象和任务、研究方法等。本书基于翔实的资料详细而系统地从伦理视角审视翻译理论研究、翻译实践活动、翻译批评、翻译教学等方面，特别是从翻译伦理的视角深入探讨了如何纠正翻译研究中的某些不正之风、如何处理译者应该忠实原作还是对读者负责的两难选择、翻译工作者的"隐形"和"显形"、重译、翻译出错率、翻译工作者的版权、翻译批评中的伦理标准、翻译教学中教师伦理及学生伦理等诸多问题，并提出了自己独到的看法，填补了该领域研究的空白。

⑥王大智．翻译与翻译伦理：基于中国传统翻译伦理思想的思考［M］．北京：北京大学出版社，2012.

　　本书以"翻译伦理"为研究主线，以发生在传统中国的两次大规模翻译运动为历史与实践参照，运用伦理学、语言学、历史学、社会学、哲学、政治学等相关理论，对华夏民族传统翻译伦理思想进行了全面的研究，并以此为基础，揭示了伦理、翻译与翻译伦理的互动关系，提出了树立相对主义的、开放的、多元的、动态的翻译伦理观的主张。

第九章

翻译的副文本研究

一、研究背景

翻译的本质就是文本意义的理解和诠释，即将原语文本的艺术形象移植于译语文本之中。同理，翻译研究实质上就是探索和分析文本意义诠释与转换的过程和结果①。因此，长久以来，翻译研究与翻译实践都视文本为最为重要、且唯一的分析来源。翻译理论家们就翻译的文本类型、翻译的本文功能、翻译的文本意义等问题展开了系列讨论。

但是在文本之外，一本译作还包含着很多"非文本"因素。作为翻译研究的重要依据，长久以来没有得到应有的重视。"副文本"概念的引入就极大弥补了当前翻译研究的局限。

副文本（Paratext）概念由法国叙事学理论家热拉尔·热奈特（Gérard Genette）在 1979 年出版的《广义文本之导论》（*The Architext：An Introduction*）首次提出。随后在其系列论著（1982，1992，1997）中逐渐得以完善和形成。

在《广义文本之导论》中，热奈特把研究文本与文学圈（即与文本相关的文本之外的方面）的边界作为重要研究内容，并称之为"跨文本性"。他按照抽象程度、蕴涵程度以及概括程度大体上的递增顺序，提出了 5 种类型的跨文本关系："文本间性"（Intertextuality）、"副文本性"（Paratex-

---

① 谢云才．文本意义的诠释与翻译［D］．上海：上海外国语大学，2010.

tuality）、"元文本性"（Metatextuality）、"承文本性"（Hypertextuality）和
"广义文本性"（Architextuality）。在《副文本：阐释的门槛》（*Paratexts*：
Thresholds of Interpretation）的序言中，热奈特对副文本概念作了明确界定，
即那些围绕在文学作品周边，能够起到调节作品与读者关系，使文本成为
文本，从而更好地展示给读者的材料。

热奈特指出，每一部文学作品都包含正文本以及环绕正文本周围的多
种要素，如作者名字、标题、前言、插图等。这些伴随文本在范围和表现
形式上各异，统一被称为著作的"副文本"。这些数量庞大的副文本要素
有的位于文本内部，有的则位于文本外围，他们包括：出版商信息、出版
时间、地点、出版机构、封面、封底、作者名字、译者名字、标题、致谢
和题字、版式、序、后序、小标题、目录、注释、信件、口头表达、日
记等①。

"副文本"概念提出后一直应用于文学研究领域。翻译作为一种特殊
的文学形式，其研究同样有理由吸纳"副文本"理论。翻译界视翻译为一
种言语行为。这就表明翻译不应只关注静态的源语与译入语文本，同样应
该关注译者处理信息所做出的社会历史行为。副文本无疑为我们了解文本
背后译者的翻译动机、翻译策略选择提供了新思路。副文本研究的方法有
很多，主要可分为分析和综合法以及对比研究两种②。前者主要指在较为
专业的理论知识背景指导下，通过对副文本中所涉及的各种文字和插图等
信息进行尽可能细致而详尽地分析，概括总结出相应的结论；后者则既可
以是共时性研究，也可是历时性研究。

副文本之于翻译研究的意义主要可归纳为以下 3 点：

首先，副文本是对正文的补充，是全面理解正文文本的保障。

---

① 郭建飞 热奈特的类文本理论及其效应 [J]. 吉首大学学报（社会科学版），2020
（1）：153-160.

② 郑玮. 副文本研究——翻译研究中不可忽视的一环 [J]. 杭州电子科技大学学报
（社会科学版），2011（2）：50-53.

从副文本出发进行研究，是对译作正文本研究的有效补充，是从译本内部了解译本的重要途径和有力保障，有助于对正文文本研究的不断深入。

其次，副文本是对译者思想的解释，是了解翻译行为的重要途径。

在译著中译者的前言与后记，是记录与翻译相关的事项和内容的重要依据。我们可以借此，对包括社会文化语境、翻译动因、翻译选材、翻译策略与翻译标准的使用有更为立体且全面的认识。

最后，副文本是评价译文的参照，是翻译批评的主要指标。

对副文本的研究可以更为客观、全面和科学地评价译文和译者，为翻译批评提供一项重要的依据，从而有助于解决翻译研究三大难题中的"批评者主观性"问题。

二、研究现状

（一）研究趋势与研究热点

自 2010 年起，国内的翻译副文本研究就开始呈逐年上升趋势，并于 2019 年达到峰值。可以预计，副文本视角下的翻译研究将持续保持较高的研究热度。国内的翻译副文本研究主要集中在文学翻译领域，尤其是典籍翻译。如《论语》《红楼梦》《诗经》《道德经》等译本的副文本都得到了学者们的关注。从研究问题来看，学者们主要聚焦于文本解读、文本互文性、译者主体性、译者的翻译思想和翻译策略选择等方面。

（二）研究模式

具体来说，翻译副文本研究主要分为理论研究和应用研究两类。

1. 翻译副文本的理论研究

国内学者首先对翻译副文本的理论进行了引介，如肖丽的《副文本之于翻译研究的意义》、郑玮的《副文本研究——翻译研究中不可忽视的一环》等较早地对副文本视阈下的翻译研究进行了探讨。耿强在《翻译中的副文本及研究：理论、方法、议题与批评》一文中，对这一领域研究进行了较为全面地探讨。他首先对翻译中的副文本及其研究进行了综述。随后区分了隐形的和明示的翻译副文本研究。最后，他认为今后的研究需要加强理论研究、丰富研究方法、拓宽研究对象，并积极研究翻译副文本之于中国文学外译方面的应用①。国内学者还在副文本的基础上，引申出了新的概念。如文军提出了"附翻译"，即译者依据社会文化需求、读者对象以及出版要求等，在翻译过程中除译作外增加的相关信息，其方式包括自译、释义、赏析、研究、考据等②；蔡志全提出了"副翻译"。他指出了其与"副文本"的区别："如果副文本是那些能够使文本成为图书并呈示给读者的元素，那么副翻译就是让译文成为译文、并呈示给读者的所有元素"③。

2. 翻译副文本的应用研究

应用研究在翻译副文本研究中占绝大比重。具体来说又可以分为以译者为线索、以译作为线索和以翻译事实为线索的翻译副文本研究3类。

（1）以译者为线索的翻译副文本研究

修文乔通过对傅译序言、献辞等副文本的整理、归纳、分析，总结出傅雷的翻译观和读者观，以求和文本、外文本的研究成果相互参照，互为补充④；冯智强和庞秀成借助林语堂著译作品中的副文本包含着的丰富的译论话语，揭示其主副文本之间以及副文本之间的互动关系，从而更深入地理解其翻译思想⑤。

---

① 耿强．翻译中的副文本及研究：理论、方法、议题与批评［J］．外国语（上海外国语大学学报），2016（5）：104-112.
② 文军．附翻译研究：定义、策略与特色［J］．上海翻译，2019（3）：1-6，94.
③ 蔡志全．"副翻译"：翻译研究的副文本之维［J］．燕山大学学报（哲学社会科学版），2015（4）：84-90.
④ 修文乔．从傅译副文本看傅雷的翻译观和读者观［J］．广东外语外贸大学学报，2008（6）：66-69.
⑤ 冯智强，庞秀成．副文本生存状态下的林语堂译论话语［J］．天津外国语大学学报，2019（3）：96-108，160-161.

（2）以译作为线索的翻译副文本研究

陈卫斌对《红楼梦》5种主要英译本的副文本展开比较研究，发现译者普遍有意识地赋予副文本更多的阐释功能，运用副文本资源补偿译本正文不尽如人意之处，旨在促进目的语读者对译本的接受①；滕雄和文军借助热奈特的副文本理论，分类比较了理雅各《诗经》三种版本的副文本之间的异同，并运用翻译社会学理论，从场域、资本、惯习这三大核心概念入手，对差异产生的原因进行分析②。

（3）以翻译事实为线索的翻译副文本研究

耿强梳理了建国十七年（1949-1966）英国文学汉译本的序跋这两类副文本，对这一时期的代表性翻译理论"神化说"提出质疑③；刘叙一和庄驰原以二十世纪三十年代创办于上海的大型文学杂志《现代》（1932-1935）中的副文本为研究对象，深入考察了翻译活动中的立场动机、选材倾向和对翻译策略的采用，重新审视副文本对杂志翻译活动的影响④。

三、案例分析

（一）案例导读

本文是笔者在硕士论文基础上进行修改而成，发表于《广东外语外贸大学学报》2017年第1期，属于应用型研究。为了明确文本与副文本之间的关联，笔者选取了白睿文所译《活着》，并对其副文本进行了分析，并将研究结果复归于文本中进行验证。引言部分明确了研究背景与研究问题。第二部分"副文本理论研究综述"对富文本理论进行了介绍，并建构

---

① 陈卫斌.《红楼梦》英译副文本比较与翻译接受［J］. 中国比较文学，2020（2）：112-124.

② 滕雄，文军. 理雅各《诗经》三种英译版本的副文本研究［J］. 外语教学，2017（3）：79-85.

③ 耿强. 副文本与中国翻译话语的再考察（1949-1966）［J］. 天津外国语大学学报，2019（3）：118-128，161.

④ 刘叙一，庄驰原.《现代》杂志翻译活动副文本研究［J］. 上海翻译，2019（3）：49-54.

了文章的研究框架。第三部分 "*To Live* 中副文本表现形式" 主要从内副文本和外副文本两个层面对《活着》英译本进行了分析。第四部分 "从副文本解读 *To Live* 中体现的白睿文翻译观" 又复归于文本，对白睿文的翻译观进行了探讨，从而实现了从副文本到文本的阐释循环。

（二）案例正文

从副文本到文本：白睿文的翻译观与《活着》英译本解读

摘要：副文本不仅能够揭示译者的翻译观，同时还能够李晗佶建构读者与译者与原作三者沟通的桥梁，对翻译研究有着至关重要的意义。从《活着》英译文的副文本出发，从内副文本与外副文本两个角度对白睿文的翻译观进行解读，随后又复归于文本之中对其翻译思想加以证实、阐明，能够更好地使人们理解译文，为中国文学的海外传播加以指导。

关键词：副文本；翻译观；《活着》；白睿文；译介

一、引言

随着我国经济实习与国际地位的日益提升，我国更加重视国家 "软实力" 的文化建设。在文化部《文化建设 "十一五" 规划》中所提出的 "中华文化走出去" 战略指导之下，越来越多承载中国文化的艺术形式开始走出国门，走向世界。作为中国文化极具代表性的载体，中国当代文学的对外译介成为了 "走出去" 战略中极为重要的一环。《中国文学》（*Chinese Literature*）杂志、"熊猫丛书"（*Panda Books Series*）等都为此作出了巨大的贡献。自 2012 年我国著名作家莫言获得诺贝尔文学奖后，中国当代小说外译研究引起了大批学者的关注。

余华，作为在国际文坛声望最高的中国作家之一，其代表作《活着》可谓是中国当代文学史上里程碑式的重磅作品。该书由长江文艺出版社于 1993 年出版。小说中的主人公福贵原是一位地主家的少爷，但是由于生性好赌，最终散尽家财。福贵的一生经历了众多的社会变革，他与他的家人一生都在不断遭受着苦难的折磨，小儿子、女儿、妻子都先后离他而去，只有一头老黄牛在晚年和他相依为命。《活着》的英译本 *To Live* 由 Anchor Books 出版社于 2003 年出版发行。其译者是加州大学圣巴巴拉分校东亚系副教授白睿文（Michael Berry）。该书一经出版，便引起了外国媒体的热烈讨论。美国《华盛顿邮报》（*Washington Post*）、《时代周刊》（*Time*）、《西雅图时报》（*The Seattle Times*）等多家主流媒体均给予这部作品高度评价。美国《明星论坛报》（*Star Tribune*）这样评论："余华这部划时代的家族悲剧《活着》，你只要读到一半，就已经确信它是不朽之作了。换而言之，《活着》是一部经典。主人公福贵和他的家庭与西方读者似乎相隔千里，又仿佛近似邻里，最后甚至成了一家人。"

　　虽然《活着》的文学成就以及其所产生的影响十分巨大，但是目前其英译本的研究仍有很大的进步的空间。通过中国知网进行检索，截至 2016 年 5 月 21 日，只有 9 篇期刊论文与 12 篇硕士论文对其英译本 *To Live* 进行了相应的研究。但是这些成果也仅局限于对正文的探讨与具体翻译策略的解析，对于具有高度价值的副文本研究尚无人问津。本文将从《活着》的译本的副文本入手，以内副文本与外副文本两个角度对白睿文的翻译观进行解读，并在文中辅以例证进行分析能够为今后中国文学的海外传播提供借鉴。

　　二、副文本理论研究综述

　　副文本（Paratext）这一概念首先由法国著名学者杰拉德·热奈特（Gérard Genette）（1997：1）于 20 世纪 70 年代提出，其著作 *Paratexts*：*Thresholds of Interpretation* 于 1997 年被翻译成英文并由剑桥大学出版社（Cambridge University Press）出版。他将副文本定义为："在正文本和读者之间起着协调作用的、用于展示作品的一切言语和非言语的材料"。此外，他还提出了 "Paratext＝Peritext＋Epitext" 的公式来说明不同文本之间的内在联系。塔希尔－居尔萨格拉（Tahir Gürçagla）（2007：44-60）也提出 "在翻译的文本本身和翻译研究的外部资料中间，还存在第三种类型的资料，即'副文本'"。

在我国，翻译研究的副文本视角也开始引起了学者的注意。笔者通过中国知网，以"副文本"为关键词进行检索，共检索到期刊论文 25 篇。虽然对副文本的研究已经在近些年来取得了不小的进步，但是目前国内翻译的副文本研究还存在着一些问题：首先，副文本研究语料较为单一，多为典籍，如《论语》《牡丹亭》等；其次，学者多关注译本为序跋与注释，忽略了副文本与正文本之间的关系。

三、*To Live* 中副文本表现形式

热奈特根据副文本存在的不同位置，将其划分为内副文本（Peritext）与外副文本（epitext），其中内副文本指的是文本内部所呈现的信息；外副文本指的是出版书籍外部的相关信息。二者涵盖内容如表 1 所示：

表 1　副文本分类及涵盖内容

副文本分类	涵盖内容
内副文本	书籍封面、标题、序言，注释，后记，出版信息，插画，题词等
外副文本	译者访谈、翻译笔记、评论等

（一）*To Live* 中的内副文本

（1）作者与译者简介：*To Live* 一书首页就简要介绍了余华的生平以及文学成就和所获国际奖项，随后又概述了该书译者白睿文的基本情况。

（2）译后记：在正文的结尾处，白睿文用了 9 页的篇幅对其翻译行为进行了总结。在这部分的记叙中，白睿文首先介绍了一位享誉海内外的中国现代著名作家——鲁迅。随后又介绍了余华的生平及其早年经历。然后将二者进行对比，发现两位著名的作家有着相似的人生境遇，都是先从事医疗事业，随后弃医从文。由于《活着》这部小说的故事发展脉络涵盖了我国 20 世纪最为动荡的时期，从抗日战争、国共内战、中华人民共和国成立、土地改革一直到改革开放诸多重要的历史事件都在文章的叙事中有着隐约的展现（Yu，2003：237-250）。这些历史事件可能不为外国读者所熟

知，小说正文中由于篇幅的限制以及语言流畅度的要求，译者不能够一一进行说明。所以在译后记这部分，白睿文就对这部小说的历史背景进行了解释，以帮助读者更好地理解该书的深刻内涵。白睿文在这部分也阐述了自己的翻译动机，他首先是观看了由这部小说所改编的电影，之后才开始翻译的。白睿文也比较了电影版与原著之间的一些情节上的差异。在最后，他还向读者介绍了余华的其他优秀作品，如《许三观卖血记》（*Chronicle of a Blood Merchant*）和他目前的创作动态。这部分的介绍能够为对余华作品感兴趣的西方读者提供进一步阅读其他著作的指南。

（3）注释：全书共有注释 16 个。但是只有 7 个是对正文部分的解释，其中的 3 个是对中国计量单位，如亩、里、斤等的说明。余下的 4 个注释分别对应的是风水（*Fengshui*）、软骨病（Soft Bone Disease）、工分（Work Points）和大字报（Big Character Poster）。对于"风水"，白睿文完全采取了音译的方法，并在注释中对这一中国所特有的玄妙概念进行了解释。他将"软骨病"直接翻译成了"Soft Bone Disease"，由于"Osteomalacia"是一个非常专业的医学名词，普通的英语读者很难熟知，他也就其中文读音，在注释部分给出了"*Ruan Gu Bing*"的音译形式。在一次笔者与白睿文交流的过程中，他也坦言，不想给读者在阅读过程中造成太多的障碍，如此的直译还会为译文增添一丝"Local Color"。而"工分"与"大字报"的翻译也都采取的是直译的方式。余下的 9 个注释都是对译后记中出现的人名、作品等进行的补充说明。

（二）*To Live* 中的外副文本

1. 白睿文的汉语学习经历

白睿文 1974 年出生于美国芝加哥，本科就读于罗格斯大学（Rutgers University）中文专业。本科毕业后留学南京继续学习中文，随后于哥伦比亚大学（Columbia University in the City of New York）攻读现代中国文学与电影博士，现职加州大学圣巴巴拉分校东亚系（Department of East Asian Languages & Cultural Studies, University of California）副教授。他的主要研究领域为当代华语文字、电影、流行文化和翻译学。白睿文本人对中国文化十分喜爱，本人也经常到访中国，参与相关学术讨论。

2. 白睿文的翻译实践经历

白睿文的汉译英翻译实践开始于 1996 年，当时罗格斯大学的张旭东老师正在主编学术杂志 boundary 2 的一期关于当代中国文化场域的特刊，刊物的部分文章是中国国内资深学者的佳作。而张旭东老师正寻译者将其翻译成英文，在张旭东老师的邀请之下，他便开始着手翻译北大教授张颐武的一篇短文《后现代主义和中国年代的小说》。由于缺乏丰富的实践经验，在翻译的过程中很多繁杂的专业术语给他造成了不小的困扰。但正是这种双语间奇妙的转换唤起了他对于翻译的喜爱之情。

1997 年，由于毕业之后没有找到工作。白睿文便想起了大学期间所完成的一次作业——对电影《活着》的分析与评论。随后由张颐武联系，白睿文在征得余华同意后，便开始着手翻译《活着》。但是当翻译工作全部完成之后，由于中国文学作品的销量问题，迟迟没有出版社愿意进行出版。直到 2003 年，该书才在美国与读者见面。

随后，白睿文于 2000 年又翻译了台湾作家张大春的两部长篇小说《我妹妹》（My Kid Sister）和《野孩子》（Wild Kids: Two Novels About Growing Up）；于 2003 年翻译了叶兆言《一九三七年的爱情》（Nanjing 1937: A Love Story）；于 2007 年与陈毓贤（Susan Chan Egan）合译了王安忆的《长恨歌》（The Song of Everlasting Sorrow）。在一次研讨会上，他阐述了其对翻译的一些看法，一是他认为在翻译《活着》的时候，中英文时态是译者需要首先考虑的问题。英文的时态是内在化的，而汉语的时态是需要依靠上下文语境中的虚词来断定的。中文里不时地时态跳跃对外籍译者来说是一个很大的挑战。二是在翻译张大春的两部作品时，语言本身成了困扰他的难题。张大春经常使用一些方言、俚语以彰显语言的幽默感。有的时候合格的语言转换并不能够表现出那种语言的风趣意味。而且一些文中提到的人名地名也需要译者一一查证。他还提到，为了翻译《长恨歌》，他甚至花了大半年的时间做翻译实验，以保证能够取得良好的翻译效果。在与吴赟的一次访谈中，白睿文提到他所翻译的作品都是出于自己的阅读兴趣，自己进行挑选的。他也表示，他十分的尊重原作者，遇到什么不懂的问题，或者出于其他考量需要删减的时候，他一定会与原作者进行商讨。他同时提到，他不赞同一些学者，如葛浩文（Howard Goldblatt）、顾彬（Wolfgang Kubin）等的对中国文学尖锐的言论，希望指导中国文学应该如何写作才能迎合世界的口味。他认为中国文学就应该有其自身的特色。

3. 白睿文的影视鉴赏经历

白睿文对影视鉴赏也有着相当的成就。当初选择翻译《活着》，就是受到了由该书改编、张艺谋导演、葛优、巩俐所主演的电影的吸引。随后，相继出版了中文著作《光影言语：当代华语片导演访谈录》《乡关何处：贾樟柯的故乡三部曲》《光影记忆：对谈侯孝贤的电影世界》和《痛史：现代中国文学与电影绘制的历史创伤》。他被邀请成为《新京报》和中国导演协会的专栏作者，并曾担任台湾金马影展、香港鲜浪潮、香港红楼梦奖评审等职。

四、从副文本解读 *To Live* 中体现的白睿文翻译观

一部译作的内外副文本有助于我们正确地解读其英译本中所体现出来的译者思想以及其具体的翻译策略选择。通过上文的解读，笔者归纳了白睿文在翻译这部作品时所秉持的翻译观，即：力求传递原作语言形式、力求传递原作文化意象和力求服务于目的语读者，并复归于译文文本之中对其结合例证加以诠释。

（一）力求传递原作语言形式

通过对白睿文汉语学习经历以及翻译经验的外副文本分析，可以看出译者在翻译的时候还是秉承着力求传递原作语言形式的译者伦理的。英国翻译理论家彼得·纽马克（Peter Newmark）在前人的基础上总结出了翻译文本的三种功能，即表达型功能（Expressive Function）、信息型功能（Informative Function）和呼唤型功能（Vocative Function）。小说重在"表达型"功能，这类文本不仅在语言层面能够表达作者的思想，语言的形式以及结构层面也有其独特的作用。虽然英汉两种语言隶属于两种截然不同的语系，在音、词、句以及语篇的构成上都存在着极大的差异，忠实地传递原作的语言形式似乎是一项"不可能完成的任务"。但是白睿文还是在其能力范围之内尽量传递原作的语言形式。

（1）原文：我一个人往家走去，走走哭哭，哭哭走走。

译文：Alone, I walked home. I cried as I walked, I walked as I cried.

原文中的"走走哭哭，哭哭走走"使用了汉语中的回文修辞格，陈望道（2014：157）在《修辞学发凡》中称它为"极求词序有回环往复之趣的一种措辞法"。回文是用既可正序顺读，也可反序逆读形式构成的一种特殊语句层面的修辞方式。史荣光高度概括了汉语回文修辞格的三大规律，即："一是汉语句子同义结构具有变异性，二是汉语的虚词在句子中可以省略，三是汉语词的强大结合力"。同样，在英文中也存在着这种类似的修辞格，Antimetabole 就是指在同一句子中，前一分句中的关键词在第二分句中被重复，且在位置上颠倒过来。由于英汉两种语言的语系、语法、语音等诸多方面都存在着巨大的差异，如实地对两种语言在形式上的转换并非易事。白睿文在此处注意到了文中汉语语言在形式上的独特性，并将其如实的转换成为"I cried as I walked, I walked as I cried"，这不仅使得原文和译文在语义层面相符合，同时也忠实保留了原文的语言风格特色。

（2）原文：谁知没一会，家珍捏住我的手凉了，我去摸她的手臂，她的手臂也是一截一截地凉下去，那时候她的两条腿也凉了，她全身都凉了，只有胸口还有一块地方暖和着，我的手贴在家珍胸口上，胸口的热气像是从我手指缝里一点一点漏出来。

译文：But who could have known that before long the same hand that had just grabbed me would begin to grow cold? I felt Jiazhen's arms, and one at a time they too became cold; by then her legs went cold, too. Her whole body was cold; only a small area around her chest remained warm. I kept my hands on Jiazhen's chest, where I could feel the warmth from her heart escaping through the cracks between my fingers.

这段原文是对家珍的死细致入微的描写。余华在文中连续四次使用"凉"这个词来有力地描述了家珍的身体由于死亡逐渐失去温度，同时福贵的心也随着爱人的逝去而逐渐冰冷的状态。重复（repetition）修辞格就是有意反复使用同一个字或词以加强所想表达的意图。白睿文在译文中也保留了原文的语言特色，连续四次使用"cold"这个词来营造出绝望和悲伤的氛围，层层递进，读者能够从平淡的语言中感同身受，受到巨大的震撼。

（3）原文：……有庆的肩膀又瘦又小，……

译文：Youqing's shoulder was skinny and slight, . . .

原文中的"又瘦又小"使用了汉语中"双声"的修辞方式。这是一种音韵上的辞格，是指两个字的声母相同。头韵（Alliteration）是英文中与之相似的修辞方式，是指在同一语句中词首反复重复相同的一个字母或语音，形成一种词首的韵律。双声与头韵都源于中英两国的诗歌创作之中，二者都能使得语言产生强烈的韵律美，使得言语声情交融，悦耳动听。在对原文的转换中，白睿文巧妙地选择了"Skinny"和"slight"两个词。不仅能够显现出有庆身形瘦弱、发育不良的样子，同时又符合原文中所用辞格，使得读者在阅读过程中能够领略原作者在音韵构成上的巧思。

（二）力求传递原作文化意象

翻译活动究其实质并非仅是两种语言表层形式上的机械转换，不同语言所代表的文化内涵的如实传达则更为重要。从社会语言学角度来看，文化是语言的基础，语言也代表着一个民族的文化。著名的德国语言哲学家洪堡特（Wilhelm von Humboldt）也就此提出了著名的论断"民族的语言即民族的精神，民族的精神即民族的语言"。文学作品作为民族文化的浓缩，字里行间都承载着浓厚的文化内涵。在进行文学翻译时，译者首要的任务就是要正确理解原文的文化内涵。更重要的是要在译入语语言中找到适当的词汇对其加以转换。美国翻译理论家奈达（Eugene A. Nida）在其著作《翻译的科学探索》（*Toward a Science of Translating*）就深入地探讨了文化翻译与转换的问题，他将文化根据不同性质分为五类，生态文化（Ecological Culture）、宗教文化（Religious Culture）、语言文化（Linguistic Culture）、物质文化〔Material Culture）和社会文化（Social Culture）。《活着》这部作品历史跨度大、题材内涵深刻，文中大量涉及中西文化差异的语言与物质表达方式。白睿文注意到了这一点，在处理原作文化意象的时候力图将其在译入语文化中加以传递。例如表3。

表3　*To Live* 中物质文化词语翻译对比

私塾	old-style private school
棉袄	cotton-padded jacket
白酒	white sorghum wine
黄酒	yellow rice wine

表3中所选取的四个例子都涉及和中国相关的物质文化表达方式。白睿文在正确理解的基础上，采用了增补等翻译技巧对其进行解释性翻译。"私塾"是我国古代社会一种开设于家庭、宗族或乡村内部的民间幼儿教育机构。"old-style private school" 不仅强调了这种学校的时代性，同时也表明了私人办学的特征。再如对"棉袄"的翻译，"cotton-padded jacket" 不仅说明了这种服饰的材质与制作方式，同时也将款式得以生动体现。又如对"白酒"与"黄酒"的翻译，他了解西方人对东方人所酿造的粮食酒的陌生，并没有仅仅按照字面翻译出不同的颜色而已，同时加上了两种不同的酒的原材料，一个是高粱（Sorghum）而另一个是大米（Rice）。对源语的补充与解释性翻译能够更准确地传递源语文本的文化意象，使得文学作品的整体形象得以保存，从而更好地为目的语读者获得与源语读者同样

的意义构建而打下基础。

（1）原文：常言道，大难不死必有后福。

译文：As the saying goes, "If you escape a calamity with your life, there is bound to be good fortune to follow."

原文中引用了"大难不死必有后福"，这句中文谚语最早出现于《后汉书·左雄传》，原为"白璧不可为，容容多后福。"是指遇到巨大的灾祸而没有死掉，将来必定有幸福。谚语作为各民族文化的精髓，既反映了各民族文化的共性又反映了其个性。朱乐红和陈可培指出，谚语在英汉两种语言中具有语义整体性、结构稳定性和语法的不规则性等特点，加上人类感受认识世界的手段和方法在许多方面都是相近或一致的，虽然中英两个民族的社会文化背景不同，但是一些不涉及地域、风俗习惯、宗教信仰等因素的谚语可以采取直译的方式被译入语读者所接受。白睿文在综合考量了原文的可译性以及译文的接受度后，将这句话直译成英文，在不影响理解的前提下使得原作的文化意象得以留存。

（三）力求服务于目标语读者

文学作品的翻译归根结底是为了使目标语读者获得良好的阅读体验而存在的。奈达（Eugene A. Nida）和泰伯（Charles R. Taber）曾提出了著名的"读者反映论"（Reader's Response Theory），他们认为翻译的目的就是进行语际间的交流，读者对译作的反馈才是译者所首要注意的问题。译文读者对译文的评价才是最直观、最准确的。著名翻译理论家纽马克（Peter Newmark）在《翻译问题探索》（*Approaches to Translation*）一书中提出了"交际翻译"（Communicative Translation）这一概念，即"交际翻译试图对译文读者产生一种效果，这效果要尽可能接近原文对读者所产生的效果。"在翻译的过程中，过多强调源语与目的语之间语言与文化上的差异会使得译文在语言上变得晦涩难懂、在文化认知层面变得陌生，会对读者的阅读体验产生负面影响。白睿文在翻译的过程中充分考量了英汉两种语言在语言与文化层面的异同，在不影响原文内容表述的情况下尽量使用目的语读者所熟知的概念、意象等进行对等的转换，从而实现了对目的语读者的翻译伦理践行，进而实现了阅读的顺畅进行。

（1）（6）原文："女婿没过门就干活了，你好福气啊。"

译文："Your son-in-law hasn't even got to the altar yet and already he's helping out."

"过门"是中文中的婚庆俗语，指的是男方或女方嫁入对方家中的意思。但是这一概念在英文中并无完全对应的表达方式。白睿文在进行翻译的时候并未一味拘泥于原文，而是使用了"altar"进行转换。"altar"这一词在英文中表示"祭坛，圣坛"，而短语"get to the alter"则与西方的宗教传统相关，西方基督徒通常会选择教堂举行婚礼，并由神父主持。在这句的翻译中，译者采取了归化的翻译策略，力图以目的语读者的认知视角构建原文意义图示，从而消除了读者在阅读过程中的文化认知障碍。

（2）（7）原文：接着双手背到身后，神气活现地站在那里看着比他大多了的孩子跑来。

译文：……he put his hands behind his back and watched, proud as a peacock, as the older kids ran by.

在翻译"神气活现"的时候，译者并未按照字面意思逐字对照的进行转换，反而使用了英文中"孔雀"所承载的意象来表现"神气活现"的意思。在英文中，"peacock"可以指代爱慕虚荣的人，存在着"proud as a peacock"，"play the peacock"和"a peacock in his pride"等表达方式。借助动物的隐喻意象对源语文本进行诠释不仅丰富了译文的语言表达形式，同时也使读者在阅读的过程中减少语言层次的陌生感，能够保证阅读的顺畅进行。

四、结语

文学作品的文本意义不仅仅取决于正文内容，还取决于正文之外的许多因素，其中一种因素是副文本。在翻译研究中通过对副文本的解读可以获得许多文本内的隐形信息，同时还可以对文本中的显性信息加以解释。

从副文本中，我们可以获得关于译者的翻译思想以及所采用的翻译方法等最宝贵的一手资料，是重构翻译规范的重要超文本资源。通过对副文本的解读，读者可以复归于翻译文本的内容理解，更进一步了解译者在翻译活动中所构建的认知模式，从而为更好地理解原文文本与译文文本打下坚实的基础。在今后的翻译研究之中，应该将副文本与文本上升到同样的高度，加以重视，只有这样才能够更好地解释翻译中遇到的种种问题，也能够进一步推进中国文化走出去的战略布局。

参考文献：

[1] 陈望道. 修辞学发凡 [M]. 上海：复旦大学出版社，2008.

[2] 范晔. 后汉书 [M]. 北京：中华书局，2012.

[3] 余华. 活着 [M]. 北京：作家出版社，2013.

[4] 史荣光. 回文修辞格溯源 [J]. 当代修辞学，1996，（6）：19-22.

[5] 威廉·冯·洪堡特. 论人类语言结构的差异及其对人类精神发展的影响 [M]. 姚小平，译. 北京：商务印书馆，1999.

[6] 吴赟. 中国当代文学的翻译、传播与接受——白睿文访谈录 [J]. 南方文坛，2014（6）：48-53.

[7] 杨建华. 论英语中的头韵及其与汉语的"双声"的区别 [J]. 外语与外语教学，2006（11）：47-51.

[8] 朱乐红，陈可培. 英汉谚语文化差异与翻译策略 [J]. 外语教学，2000（2）：65-68.

[9] 白睿文. 危机重重的中英文学翻译 [J]. 中外文化交流，2014（2）：2.

[10] 白睿文. 暑假不找工作，我去翻译余华的《活着》 [EB/OL]. 新浪博客，2010-08-14.

[11] GENETTE G. Paratexts：Thresholds of Interpretation [M]. New York：Cambridge University Press，1997.

［12］NEWMARK P. Approaches to Translation［M］. Oxford：Pergamon Press，1981.

［13］NEWMARK P. A. Textbook of Translation［M］. Shanghai：Shanghai Foreign Language Education Press，2001.

［14］NIDA E A. Towards A Science of Translation［M］. Leiden：E. J. Brill，1964.

［15］NIDA E A，TABER C R. The Theory and Practice of Translation［M］. Leiden：E. J. Brill，1969.

［16］YU H. To Live［M］. New York：Anchor Books，2003.

［17］Gürçagla T. What texts don't tell：The uses of paratexts in translation research［C］// Theo Hermans Crosscultural Transgressions，Research Models in Translation Studies. II Historical and Ideological Issues. Beijing：Foreign Language Teaching and Research Press：2007：44－60.

四、拓展阅读

①BATCHELOR K. Translation and Paratexts［M］. London and New York：Routledge，2018.

作者从副文本概念的起源、内涵、功能及在不同学科中的应用谈起，结合东西方不同语境下的副文本翻译研究实例，进而建构出翻译研究的副文本理论。

②GIL－BARDAJI A，ORERO P，ROVIRA－ESTEVA S. Translation Peripheries：Paratextual Elements in Translation［C］. Bern：Peter Lang，2012.

③VALERIE P. Text，Extratext，Metatext，and Paratext in Translation［C］. Cambridge：Cambridge Scholars Publishing，2013.

这两本论文即收录了国内外多位学者的翻译副文本研究成果，能够开阔研究视野。

④李今，罗文军. 汉译文学序跋集［M］. 上海：上海人民出版

社，2017.

　　该书是一套大型民国文献汇编，上限以甲午战争为界，并以收录译本序跋为主，早期晚清部分适当扩至报刊译序跋；下限至1949年。从晚清至新中国成立前五十年间出版的几千种译作中收录了2000余篇序跋，共450余万字。这是学术界第一次全面收录这一时期的汉译文学序跋，可以说是目前体量最大的一次汉译序跋集成。

　　⑤金宏宇．文本周边 中国现代文学副文本研究［M］．武汉：武汉大学出版社，2014.

　　本书为第一本系统研究中国现代文学副文本的著作，从序跋论、题辞论、图像论、注释论、广告论、笔名论等六个方面对中国现代文学的副文本进行了充分的研究，匠心独具，很具有开拓性意义以及较高学术价值。

第十章

翻译技术研究

一、研究背景

信息技术、网络技术与认知科学研究的不断发展给社会生产、信息传播、交往方式与生活方式都带来了翻天覆地的变化。作为一项古老的职业，译者的工作方式与翻译研究的范式也随之发生了巨大的转变。迈克尔·克洛宁（Michael Cronin）于 2010 年首先提出了翻译的技术转向这一概念，认为翻译的技术转向是由翻译实践的推动所致，并将使我们重新审视翻译的本质与译者的地位①。国内学者如张霄军、贺莺②，张成智、王华树③等也均就这一研究趋势加以论证并进行了评价。综合国内外学者的观点，笔者认为翻译的技术转向就是指翻译实践、翻译研究和翻译理论层面在当今信息化时代的重大变革。在翻译实践层面，实现了从纯人工翻译到人工翻译与翻译技术的结合；在翻译研究层面，实现了从基于主观经验到基于客观数据的方法上的变革；在翻译理论层面，实现了理论与实践的结合从而拓展了翻译研究的范畴。

就"翻译技术"的概念，国内外学者目前尚无统一定论，在论述时也存在着诸如"机器翻译""计算机辅助翻译""自动翻译""电脑翻译"等

① CRONIN M The translation crowd［J］. Revista Tradumàtica, 2011（8）：1-9.

② 张霄军，贺莺. 翻译的技术转向——第 20 届世界翻译大会侧记［J］. 中国翻译，2014（6）：74-77.

③ 张成智，王华树. 论翻译学的技术转向［J］. 翻译界，2016（2）：104-118，139.

容易混淆的相似概念。为了避免混乱，本文将其统称为"翻译技术"。通过对学者们的"翻译技术"定义进行归纳我们可以发现，目前存在着狭义和广义两种意见。狭义概念上的翻译技术就是指计算机辅助翻译和机器翻译两种主要技术，而广义概念上的翻译技术则涵盖了译员在翻译过程中（译前、译中、译后）综合应用的各种技术。当下最新科技的介入显著提升了翻译行业的生产力，这不仅预示着千百年来人类跨语言的沟通梦想的实现已经近在咫尺，而且作为自然语言处理领域的重要应用，翻译技术难题的突破也成为当今人工智能研究所要占领的高地。在各国政府政策层面的支持以及技术重要战略作用的驱使下，国内外各大互联网巨头、高校及科研院所都投入了大量的人力与资金进行技术研发。这种技术转向为翻译行业所带来的深远影响不仅限于技术理论与应用层面，同时也体现在翻译研究的内容拓展与方法革新上。

从翻译行业视角出发，孔令然和崔启亮按照翻译产、学、研顺序进行描述，将信息技术对翻译工作的影响归纳为以下 10 个方面，即翻译对象、翻译角色、翻译能力、翻译策略、翻译方式、翻译流程、翻译标准、翻译环境、翻译教育及翻译研究的变化①。

从翻译研究层面来看，陈善伟构建了计算机辅助翻译研究的理论架构②。这一理论框架由 3 大部分组成，他们分别是理论性计算机辅助翻译研究、实践性计算机辅助翻译研究和应用性计算机辅助翻译研究，其中每一部分又细化为若干子项。由于篇幅有限，我们仅以理论性计算机辅助翻译研究为例。在这一类别中又有 4 个次分类：与媒介相关的理论性计算机辅助翻译研究，其又可进一步分为文本翻译与语音翻译；与语言有关的理论性计算机辅助翻译研究，可进一步分为语言对、语言歧义、语法、文本

---

① 孔令然，崔启亮. 论信息技术对翻译工作的影响［J］. 北京第二外国语学院学报，2018（3）：44-57.

② Chan S W. The Future of Translation Technology：Towards a World Without Babel ［M］. London：Routledge，2016. 247

分析、受控语言、文本相似度和可译性；与电脑相关的理论性计算机辅助翻译研究可涵盖人工智能、测评、方法、方法论等；与目的有关的理论性计算机辅助翻译研究主要涉及生产力与重用性的概念。

二、研究现状

（一）研究趋势与研究热点

国内的翻译技术研究自 2006 年起便开始呈现出迅猛发展的态势，研究数量在近些年逐年攀升，并将持续保持较高的研究热度。国内的翻译技术研究主要集中于机器翻译和计算机辅助翻译两种关键性技术手段。在研究背景方面，多基于当前的信息技术和人工智能技术发展进行探讨。在研究问题方面，国内学者主要就翻译技术教学、语言服务发展、翻译策略选择和翻译能力构成进行了论述。

（二）研究模式

翻译和技术本就属于人文和科学的两个领域，在当今社会的融合下，翻译技术这一新兴事物同样凸显出人文和科学的双重属性。因此国内的翻译技术研究同样可以分为科学研究路径和人文研究路径两类。

1. 科学研究路径下的翻译技术研究

作为国内著名的自然语言处理研究专家，冯志伟自 1978 年起便开始向国内介绍机器翻译技术的最新进展[1]。随后又就机器翻译的技术难点[2]、机器翻译的发展脉络[3]、机器翻译的现实应用[4]展开了讨论。

除此以外，自然科学背景的学者们就微观层面的翻译技术原理发表了相关研究。如王海峰等在回顾机器翻译发展的基础上，阐述了互联网机器

---

[1]　冯志伟. 国外机器翻译的新进展［J］. 国外语言学，1980（1）：42-43.

[2]　冯志伟. 机器翻译的困难性与工程化［J］. 情报学报，1985（4）：311-318.

[3]　冯志伟. 机器翻译发展的曲折道路（一）［J］. 术语标准化与信息技术，1996（3）：28-31.

[4]　冯志伟. 机器翻译——从梦想到现实［J］. 中国翻译，1999（4）：38-41.

翻译的特点及面临的挑战，并提出了多策略混合翻译方法①；叶娜等人通过研究发现，计算机辅助翻译技术极大提高了翻译产业的生产率，通过协同翻译可以实现多名在空间上分散的用户被组织起来共同完成一项翻译任务②；徐金安介绍了基于规则、基于实例和基于统计等3种主流机器翻译方法，探讨了自然语言处理技术和机器翻译中基于规则的理性主义方法和基于统计的经验主义方法的优缺点，结合机器翻译研究的现状和发展方向，提出了规则和统计相结合的机器翻译方法的基本思路③；刘洋则介绍了基于深度学习的神经机器翻译的基本思想和主要方法，并对最新的前沿进展进行综述，以及对神经机器翻译的未来发展方向进行了展望④。

2. 人文研究路径下的翻译技术研究

人发明技术，技术造就人，人与技术之间存在着一种互惠关系，在本质上是不可分割的。因此，人是技术思考不可忽视的维度，更是最终的落脚点和归宿。翻译技术的开发与应用中最直接的受益者与最明显的影响对象都是译者，因此国内外学者针对翻译技术与译者关系展开了一系列研究。赵联斌指出在当今时代人工译员和机器译员的共轭相生成为机器翻译时代的必然态势⑤；孙阳和王永主要研究了译者主体性在"大数据"时代背景下的动态变化趋势。他们认为在"大数据"时代背景下数据分析处理技术引起翻译的客观环境发生变化是"因"，译者主体性变化的新动态是"果"，二者具有内在的逻辑性和规律性⑥；李大屾和吕黛认为在大数据时

---

① 王海峰，吴华，刘占一．互联网机器翻译［J］．中文信息学报，2011（6）：72-80.
② 叶娜，张桂平，韩亚冬，等．从计算机辅助翻译到协同翻译［J］．中文信息学报，2012（6）：1-10.
③ 徐金安．理性主义与经验主义相结合的机器翻译研究策略［J］．计算机科学，2011（6）：223-229，250.
④ 刘洋．神经机器翻译前沿进展［J］．计算机研究与发展，2017（6）：1144-1149.
⑤ 赵联斌．论机器翻译时代人工译员与机器译员的共轭相生［J］．外文研究，2016（3）：100-103，108.
⑥ 孙阳，王永．论"大数据"时代背景下译者主体性的动态变化趋势［J］．江西师范大学学报（哲学社会科学版），2017（3）：134-138.

代中，由于机器翻译技术的极大发展，翻译活动中的部分内容将不可避免地被机器替代，译者将面临比任何其他时代都更为严峻的译者价值认同问题①。

技术的存在是一种社会性的存在，一方面技术变革会引起社会变革，另一方面技术发展本身取决于现有的社会条件。翻译技术与社会研究是目前该领域研究中除技术维度研究以外最为活跃的话题。国内学者对翻译技术应用研究涵盖了翻译研究、翻译产业、翻译模式以及翻译教育等领域。在翻译研究领域，蓝红军指出"翻译研究信息化"不仅使得翻译研究的对象在发生信息化嬗变，翻译研究的方法也呈现信息化发展的现象和趋势。面对翻译研究信息化所带来的挑战，研究者需要强化自身信息化素质与能力，学科应制定信息化发展的规划，加强信息化研究人才的培养和队伍建设②。在翻译产业领域，柴明颎认为在互联网、大数据时代，语言服务行业的发展需要探索和预测语言服务行业将来可能的发展模式、技术需求以及人才培养导向③。唐智芳和于洋研究表明在"互联网+"被提升到国家战略的时代背景下语言翻译作为一个古老的行业，随着现代新技术的成熟和商业化，正在经历从传统人工翻译向互联网云翻译的模式重构④。在翻译模式领域，刘满芸的研究认为翻译技术支持下的译本署名应不同于传统的人工翻译，应随时代而变，应体现译本产出过程中的人机互为关系，即翻译中的人机共生关系⑤。肖超指出与传统翻译出版流程相比，众包翻译

---

① 李大屾，吕黛. 大数据时代中译者如何自处［J］. 河北联合大学学报（社会科学版），2015（5）：113-116.

② 蓝红军. 翻译研究信息化：新时期翻译研究的发展与挑战［J］. 语言与翻译，2017（1）：52-57，68.

③ 柴明颎. 互联网大数据的语言服务——从 AlphaGo 说起［J］. 东方翻译，2016（3）：4-9.

④ 唐智芳，于洋. "互联网+"时代的语言服务变革［J］. 中国翻译，2015（4）：72-75.

⑤ 刘满芸. 翻译技术时代的译本署名问题研究［J］. 中国科技翻译，2016（1）：22-25.

出版平台的优越性主要体现在：满足了被忽略的需求、缩短了出版周期、翻译过程中交流密切、分配科学合理、建立信任关系①。胡安江认为由技术进步推动的"众包翻译"作为当下一种广泛存在的翻译现象，一方面发挥着其积极的社会影响和社会效应，另一方面也不可避免地招致了公众乃至翻译行业的诸多质疑。事实上对于数字化时代的众包翻译现象及其相关问题的探讨有助于提升和丰富人们对于语言多元化、翻译社会化、翻译产业化的充分认同，同时也有助于人们增进对翻译行为、翻译职业和翻译定义的新理解②。在翻译教育领域，傅敬民和谢莎讨论了翻译技术的发展与翻译教学之间的关系，他们认为结合目前国内的翻译技术教学实际，应该围绕计算机辅助翻译工具、记忆库及术语库的建设、翻译实践语料的选择、课程体系建设以及师资建设加强相关工作③。王华树和王少爽认为翻译技术能力已成为现代职业译员的重要特征。他们通过考察国内外翻译技术能力的研究与教学现状，重点研究了翻译技术能力的构成要素。同时探讨了翻译技术能力与传统翻译能力在高校翻译教育中的有效整合问题并呼吁构建良性、和谐的翻译人才培养系统④。

三、案例分析

（一）案例导读

本文为笔者与大连理工大学陈海庆教授共同撰写，发表于《外语学刊》2021 年第 5 期的一篇文章。本文是翻译技术研究中理论探讨型论文，借鉴设计心理学中所提出的"认知摩擦"这一概念，对翻译技术研发与使

---

① 肖超．国内众包翻译出版平台的发展及优势 ［J］．现代出版，2016（4）：16-20.
② 胡安江．数字化时代的"众包"翻译模式及其相关问题探讨 ［J］．外语教学，2017（3）：86-90.
③ 傅敬民，谢莎．翻译技术的发展与翻译教学 ［J］．外语电化教学，2015（6）：37-41.
④ 王华树，王少爽．信息化时代翻译技术能力的构成与培养研究 ［J］．东方翻译，2016（1）：11-15，73.

用过程中出现的问题进行审视，并试图提出解决对策。本文同样属于跨学科研究，在查阅资料的过程中借鉴了很多设计心理学、人机交互等领域的研究成果。同样，在撰写过程中也参考了很多国外学者针对翻译技术研究所进行的实证研究。通过切实的问卷调查、实验数据，为笔者在文中所提出的观点进行了佐证。本文在引言部分陈述了研究背景，同时也回顾了相关研究，并提出了研究问题。在"翻译技术中'认知摩擦'问题"小节中，主要概述了认知摩擦的基本概念，以及其在翻译技术中的表现。在"翻译技术中'认知摩擦'问题成因分析"部分，笔者借鉴相关研究，从内核性、外显性和保障性三层因素出发，结合翻译技术发展中出现的问题，对其成因进行了探讨。在"翻译技术中'认知摩擦'问题调解策略"中，笔者综合研究结果，分别从技术设计、技术使用和技术引进三个层面，提出了相应地解决对策。总体而言，这篇文章遵循着发现问题、分析问题并解决问题的研究路线。

2. 案例正文

翻译技术中"认知摩擦"问题与消解途径

李晗佶，陈海庆

摘　要：在日益密切的跨国交往以及逐渐成熟的技术手段驱使下，翻译这一古老的人类实践活动在当今呈现出技术化转向的趋势。翻译技术的广泛应用在提升生产效率、规范质量管理、协调翻译协作的同时也带来了一些负面效应，其中最为显著的就是译者与翻译技术之间的"认知摩擦"问题。为此，本文从设计心理学视角出发对翻译技术中的"认知摩擦"问题进行审视，在明确其成因的前提下，指出只有通过技术设计者、技术使用者和技术引进方的共同努力下，才能够实现"认知摩擦"消解，并实现译者与翻译技术之间的良性互动。

关键词：翻译技术；概念模型；认知摩擦；交互设计；设计心理学；技术设计

1　引言

翻译技术，从广义概念上来讲就是指翻译服务人员在翻译过程中综合应用的各种技术手段，而从狭义概念上来说主要指机器翻译（Machine Translation，MT）和计算机辅助翻译（Computer-Aided Translation，CAT）两类。在当今时代，传统的翻译实践已经不能满足国际间日益增长的交流需求，同时伴随着人工智能、大数据以及机器学习等技术手段的逐渐成熟，不仅翻译技术研发的必要性得到了普遍认同，同时也具备了坚实的技术支持。在国家政策导向、企业资金投入以及学界科技研发的共同努力下，翻译质量得到了提升、翻译速度进一步加快、语种覆盖不断拓展、知识获取方式也日趋智能。而在这场巨变中，受到最大影响的莫过于翻译实践的主体，也就是译者。虽然国内外学者针对译者与翻译技术关系进行了一系列探讨，但是笔者在前期研究中发现，这些关注多来自翻译界（李晗佶 陈海庆，2019：103）。也就是说，技术研发者所关心的问题在于如何提升技术性能，而忽略了使用者的感受。一项技术的成功离不开良好的技术设计。而好的设计则是使用者需求、商业可行性以及科技可用性共同协商，良性互动的结果。由此可见，从技术研发角度关注使用者成为了当前翻译技术研究中的"真空地带"。综上所述，本文将借鉴设计心理学中"认知摩擦"概念对翻译技术设计和使用中产生的影响加以审视，旨在回答以下3个问题，即（1）翻译技术设计中"认知摩擦"表现如何？（2）为什么会产生这种现象？（3）我们又该如何调解？

2　翻译技术中"认知摩擦"问题

2.1　什么是"认知摩擦"

美国学者艾伦·库珀（Alan Cooper）将心理学上的"认知"和物理学上的"摩擦"两个概念进行融合，首次提出了"认知摩擦"（Cognitive Friction），即当人类智力遭遇随问题变化而变化的复杂系统规则时遇到的阻力。他强调，和物理世界中的摩擦一样，少量的"认知摩擦"不仅是必需的，而且是有益的（Cooper，2006：18）。由于机械技术时期的技术设备状态范围很窄，因此其与人交互的认知摩擦度也很低。但是在智能时代，日益复杂的软件带来的高"认知摩擦"将会导致副作用的指数级增长。

2.2　翻译技术的发展现状

库珀提出"认知摩擦"的目的在于阐明软件设计与使用之间的矛盾。那么这种对立关系是否出现在翻译技术中？又如何表现？对此，我们需要对翻译技术的发展现状进行分析。

2.2.1　翻译技术软件数量得到了迅猛增长。

自 1980 年马丁·凯（Martin Kay）首次提出"译员工作台"（Translator's Workstation）的设想后，翻译技术软件得到了飞速的发展。据统计，1984 年到 2012 年间共有 86 款软件投放至市场，平均每年就会有 3 款新工具问世（Chan，2016：25）。除了数量上的增长外，一些优质软件还延续了极强的生命力。以处于业内领㬚地位的塔多思（SDL Trados）为例，自 1984 年发布至今，已经经历了十余个版本的更迭。其他诸如 DéjaVu、Wordfast、memoQ、雅信、雪人、火云译客等也都拥有数量可观的用户群体，在市场份额中占有一席之地。

2.2.2　翻译技术软件功能得到了不断完善。

最初的翻译技术软件都是围绕着翻译记忆（Translation Memory，TM）这一核心技术而开发的。从实践视角出发，艾伦·梅尔比（Alan Melby）根据译者译前、译中、译后不同阶段在术语层和语段层所使用的工具发挥的不同作用做出了 8 类区分。这一功能集成化的趋势在当下表现的愈加明显，包括格式转换、字数统计、任务分析、翻译记忆匹配、术语识别、质量检查、译后排版等在内的功能模块都被纳入到了软件体系之中。

2.2.3　翻译技术软件使用受众在不断增加。

在当今职业化翻译实践中，翻译技术软件已经广泛为专业译员所使用。通过对 Prcz 网站用户进行在线调查，贾里德·塔博尔（Jared Tabor）的研究结果显示，88% 的受访者至少使用过一款翻译技术软件。塔多思也公开表示，其全球用户群高达 25 万人。

2.3 翻译技术中"认知摩擦"表现

翻译技术的使用不仅对规模化的翻译产业形成起到了积极的促进作用，译者在技术化翻译实践中也同样受益。马修·勒布朗（Matthieu LeBlanc）的实证研究表明，对于翻译技术在提高生产效率、保持一致性、减少重复性劳动等方面的优势，译者普遍予以肯定。而作为一把"双刃剑"，翻译技术性能的不断增强同样也使得"认知摩擦"问题变得愈发明显，主要表现在以下几个方面。

2.3.1 译者的身份特质遭到威胁。

作为翻译技术中的重要组成部分，机器翻译和计算机辅助翻译之间的区别在于机器与译者在翻译活动中的主次分工。计算机辅助翻译是指译者可以对已有的翻译资源进行复用，通过匹配程度来辅助新文本翻译。但是无论采用完全匹配（Perfect Match）还是模糊匹配（Fuzzy match），翻译记忆都无法实现文本的全面覆盖。为此，当前的主流计算机辅助翻译软件都融入了机器翻译模块为译者在模糊匹配度低或无匹配情况下提供预翻译。由此可见，机器翻译与计算机辅助翻译之间的边界开始逐渐模糊。机器翻译，作为人类长久以来的梦想，在人工智能技术的推动下经历了多次重大的变革。使用深度学习神经网络获取自然语言之间映射关系方法的神经机器翻译（Neural Machine Translation，NMT）不仅显著提升了翻译质量，而且使得训练所需数据量更少，同时对新语言间转换的拓展也更为便捷。谷歌的研究表明，其神经翻译系统产出的译文相较于短语的机器翻译系统的译文在质量上有了明显的提升，使误差率降低了60%。尤其在英—西、英—法等一些同族语系中，翻译质量已经十分接近人工翻译水平（Wu，et al. 2016）。通过对机器翻译与人工翻译译文进行质量测评分析，李晗佶和陈海庆发现，虽然机器翻译的质量仍无法和人工相媲美，但神经机器翻译的未来表现值得期待（Li，Chen，2019：52）。由此可见，翻译速度、投入成本和学习成本等方面的巨大优势使得机器翻译、人工翻译之间的界限也开始变得模糊，甚至出现了取代人类译者的趋势。国际翻译家联盟荣誉顾问弗兰斯·德莱特（Frans De Laet）就指出，当前翻译界对技术使用存在的两种态度：一部分人相信有一种超越人类能力的机器翻译；而另一部分人则不相信或不愿相信这种技术能够成功。

2.3.2　译者的翻译认知模式受到挑战。

翻译是心理认知的过程，不仅表现为源语输入和译语产出这一外在的言语行为和言语事实，同样也反映了译者语际转换的内在心理机制和言语信息加工的认知过程（刘绍龙，2007：前言）。而翻译技术的出现则改变了传统翻译实践所遵循的认知过程，并在计算机辅助翻译和机器翻译技术应用中展现出不同态势。

计算机辅助翻译最大的特点就在于改变了译者的翻译单位。人工翻译是基于语篇层次进行的，而翻译记忆则将目标语文本与译入语文本分开，供译者选择。皮姆指出这种模式蕴含的内在缺陷，即翻译任务碎片化与文本性的缺失。这样的工作方式使得译者困在了系统给定的翻译结果之中，需要对翻译记忆提供的译入语文本重新进行组合、拆分和移动，且译者不得不花费更多的认知努力与时间来适应这种新的翻译方式。

而机器翻译的引入对译者心理认知过程的改变更加彻底，译者成为了译后编辑者。传统的翻译流程只需要译者处理源语文本并生成译入语文本。而译后编辑则需要译者比对源语文本与机器翻译文本，通过心理加工再生成新的译入语文本。这无非加大了译者的认知压力。翻译原本是一项极具创造性的工作，但是在反复修改机器翻译重复且愚蠢的错误过程中，译者无法施展翻译技能，也无法实现自身价值，从而愈发消极。

2.3.3　译者对机器翻译质量持怀疑态度。

相较于翻译记忆，译者对机器翻译的不满更为明显。《2019中国语言服务行业发展报告》显示，42%的语言服务提供方对目前机器翻译质量表示"不太满意"，主要障碍为"机器翻译结果给译者造成困扰"。克莉丝订·本加德（Kristine Bundgaard）的研究表明，译者对机器翻译质量的不满主要体现在源语文本要素遗漏、不可译内容被翻译、格式遗失、术语库混乱和语序不当等方面。虽然当前的翻译技术已经取得了长足的进步，但是依旧无法在句法和语法上构建正确的片段，更不用说与源语文本实现语义上的对等。低质量的机器翻译结果不仅需要译者投入更多的认知努力进行修改，同样也有损人们对翻译职业的价值判断。由此，译者对机器翻译的使用表现出拒绝、怀疑等负面态度。

2.3.4　译者对软件使用界面、性能满意度较低。

翻译技术软件版本的每一次更新都带来新的功能，但是功能的拓展并未如预期的那样，对译者的满意度提升起到正面作用。佐斯·摩尔肯斯（Joss Moorkens）和莎伦·奥布莱恩（Sharon O'Brien）的调查显示，超过半数的受访者不满意翻译技术软件的默认布局，同时在性能层面还存在错误报告、崩溃、响应时间长等问题。莎伦·奥布莱恩等学者在后续研究中对负面评论进行了归纳，指出译者所反映的软件问题主要体现在用户界面、工具功能、技术性能、文本外观、兼容性和组织问题等方面，尤其以前两者居多（达53%）。日益臃肿的软件菜单下所隐藏的海量按钮不仅没有带给译者愉悦的使用体验，反而使译者变的不知所措。

3　翻译技术中"认知摩擦"问题成因分析

通过上文分析，我们不难发现，翻译技术软件已经在数量、功能和用户体量等方面取得了可喜的成就。但与此同时，译者在技术的使用过程中却表现出种种不满和质疑，由此产生了"认知摩擦"问题。从设计心理学角度来讲，艾伦·库珀指出造成"认知摩擦"的原因是控制技术的人而非技术本身，但并未展开详细论述。在此基础上，美国学者唐纳德·A·诺曼（Donald Arthur Norman）从心理学视角出发，对这一问题的成因进行了更为详细的阐释。他指出，在设计中存在着"设计模型"和"用户模型"（User Model）两种"概念模型"（Conceptual Model）。前者表示设计师对产品概念的理解，而后者则是用户对产品概念的理解。技术推向市场意味着与设计师相分离，而设计师又希望用户与自己的概念模型相符合，因此就需要以文件、说明书、网站信息、热线帮助等多种物理形式存在的"系统表象"（System Image）进行沟通。

通过整合 Norman 模型的内在联系，张凯和季艺对"认知摩擦"问题作出了内核性成因、外显性成因和保障性成因三类区分。在本小节中我们将借鉴他们的研究对翻译技术中"认知摩擦"问题成因进行分析。

3.1　翻译技术中"认知摩擦"问题内核性成因

翻译技术中"认知摩擦"的内核性成因主要体现在技术设计层面。翻译技术软件的设计者自身具有很强的信息技术能力，同时又身处高科技环境之中。因此，与用户之间的距离就使得他们很难了解用户的操作能力和实际需求。从能力角度来讲，新手可以通过学习进行提升，但只有极少数的译者可以最终成为精通技术的专家。正如艾伦·库珀指出，程序员将目标用户错误定义为专家，而在技术设计中忽略了绝大多数中间用户。从需求角度来看，出于提升软件竞争力等商业因素考量，设计者会不断加入新功能，而不去关注这些新功能是否真正有用。用户心理模型的建构偏差和设计概念模型的生成偏差就导致了"认知摩擦"的产生。

3.2　翻译技术中"认知摩擦"问题外显性成因

翻译技术中"认知摩擦"的外显性成因主要体现技术使用层面。面对翻译技术这一新事物，译者通过系统表象模型来了解设计概念模型的心理认知过程充满了阻碍。首先，译者的学习渠道较为有限。虽然多数翻译技术软件都提供功能介绍、使用指南以及在线服务等功能，但是译者往往并未接受系统化培训，在自学的过程中容易忽略或错误理解某些功能。其次，译者的使用缺乏指导。产品说明书针对的是产品的设计理念和主要功能，而无法对译者在实践中遇到的细节问题全面覆盖。这就造成译者变的无助和迷茫，翻译任务也难以顺利进行。最后，译者的问题难以得到反馈。上述译者在学习和使用中遇到的问题缺乏快速且有效地反馈途径，如此循环往复就造成了译者对技术的负面评价。

3.3　翻译技术中"认知摩擦"问题保障性成因

设计模型和用户模型间转化和系统表象模型生成过程中出现的问题是

Norman 模型关注的焦点。但是在这三者之外，还存在着其他导致"认知摩擦"的诱因。翻译服务提供方希望提升翻译效率，翻译服务需求方希望降低翻译成本，翻译技术研发者希望将技术设想投入使用。正是在上述经济利益、对翻译本质的错误认知以及技术理性无限扩张的驱使下，翻译技术才得以产生。然而，作为技术的直接使用者，译者在这场技术变革中却失去了话语权。这种"自上而下"的技术普及需要译者重新学习技能并改变现有的认知模式，译者不仅没有提升工作的愉悦感，反而对自我价值产生威胁，由此就产生了"认知摩擦"。

4　翻译技术中"认知摩擦"问题调解策略

针对"认知摩擦"带来的负面影响，艾伦·库珀指出交互设计（Interaction Design，IxD）才是最好地解决策略。交互设计就是指设计用于支持人们日常工作、生活的交互式产品。这种模式更加注重人与技术之间的互动，将用户研究作为基础，以用户体验作为目的，从而设计出符合用户需求的产品。艾伦·库珀就此提出了交互设计的三条原则，即为快乐而设计、为能力而设计与为人而设计。诺曼则从知觉心理学的角度出发，指出设计的工作就是为了满足人类的需求，进而做出了本能层次设计、行为层次设计和反思层次设计三类区分。他指出，"以人为本的设计"需要经历观察—激发创意—打样—测试的循环过程。虽然两位学者都为"认知摩擦"问题的解决提出了自己的见解。但是不难发现，他们都在强调设计者在设计思路、设计理念等方面应做出的努力。正如上文所述，翻译技术"认知摩擦"问题产生的原因是多元的，除技术设计外，技术使用和技术引进层面同样不容忽视。因此，笔者认为需要从以下三个方面入手对翻译技术中"认知摩擦"问题进行消解。

4.1　技术设计层面的"认知摩擦"问题调节策略

诺曼指出，好的设计应该具有可视性和易通性两个特征：前者指设计的产品能不能让用户明白怎样操作是合理的，在什么位置以及如何操作；后者指让用户明白产品设计的意图是什么，产品的期待用途是什么，所有不同的控制和装置起到什么作用（Norman 2015：4）。诺曼提出的标准核心都是围绕着产品的可用性而展开的。因此，交互设计指导下的翻译技术研发最为重要的任务就是提升产品的可用性，具体需要从以下4个方面入手：

4.1.1　易学性

作为可用性中最基本的属性，易学性就是指能够让用户无须借助外界帮助即可快速上手操作。职业译者多为文科教育背景，如何快速地让"技术小白"熟悉软件的功能是设计者需要思考的问题。在软件初始状态辅以简洁的动画引导，在界面设计中突出常用功能，并提供及时有效的在线服务等方法都有助于消解译者的负面情绪。

4.1.2　高效性

高效性就是指让用户在使用产品时能迅速达到稳定的绩效水平。虽然日渐集成化软件功能为译者在翻译实践中遇到的问题提供了一站式的解决方案。但是，我们要明确，译者使用翻译技术软件的直接目的在于提升翻译速度，保证准确度与一致性。因此，翻译记忆无疑是众多功能中最为核心的。功能模块的不断添加不仅会造成译者的认知负担，同时还会影响设备运行效率。为此，设计者应该明确软件功能的主次顺序，一些非常用的功能可交由独立的专业软件来完成。

4.1.3　个性化

个性化就是指产品设计应该符合用户的思维和操作习惯，也就是说要让产品符合用户的习惯，而不是让用户去迎合产品。个性化的翻译技术最为显著的优势就在于能够增加译者的信任感。伊琳娜（Elina Lagoudaki）指出，相较于来源不定的机器翻译，译者更倾向于使用权威词典和领域封闭、来源可靠的翻译记忆。许多译者希望能够自主选择是否使用机器翻译功能，以提高工作效率。此外，定制的软件界面功能、字体、颜色等也会增加用户的亲密度；使用监督学习记录译者的语言风格、用词偏好、专长领域等也会使软件变得越来越"智能"。

4.1.4 容错性

容错性体现在软件的稳定性和误操作两个方面。软件的稳定性需要开发者在发布前多加测试，避免软件在编程设计和系统兼容性等方面出现问题，从而减少用户在使用过程中出现崩溃的风险。此外，软件在逻辑结构上还应做到阻止用户的错误或允许用户改正错误。这就需要用户在使用诸如替换、删除、清空等重要功能给予充分提醒，对于错误操作也能够及时撤销或找回。

在实现上述技术发展方向的过程中，设计者需要与用户进行及时且有效的沟通。具体来讲，可以选取问卷调查、访谈、行为观察等方式来对用户的需求和满意度进行调研，同时还应辅以键盘记录、眼动仪等现代技术手段分析译者的心理过程，从而建立正确的用户模型。调查过程中还需要注意道德和隐私问题。

4.2 技术使用层面的"认知摩擦"问题调节策略

一方面我们要看到，技术研发阶段"非人性化"的设计思路是导致翻译技术"认知摩擦"的根本性原因，因此我们呼吁设计模型应符合用户模型。从另一方面来讲，译者由于自身因素，在使用技术的过程中出现问题也是"认知摩擦"产生的重要条件。正如梅芙·奥洛汉（Maeve Olohan）指出，译者与技术在抵抗和适应的过程中相互作用（Olohan 2011：342）。为了适应工具带来的阻力，译者同样需要付出努力，使用户模型向设计模型靠拢从而保持二者之间的持续交互。

4.2.1 译者应端正对翻译技术的态度

对待技术的态度和技术本身一样重要，译者消极的态度可能会对使用过程产生负面影响。虽然译者从理智层面肯定翻译技术的积极作用，但是从情感层面却表现出抵制的态度。而产生这种现象的原因在于译者缺乏对翻译技术本质、工作原理以及最新进展的了解。在当今的智能化时代，翻译技术在专业化翻译实践中的应用已经是一种必然的趋势。为了更好地适应新时代翻译活动的新要求，译者只有摆正对技术的态度，积极了解技术，正确使用技术并努力参与技术研发，才能够从多方位确保翻译职业的主体价值。

4.2.2　译者应提升自身的技术能力

在 PACTE 翻译能力模型中，工具使用能力首次被提及。在人工智能与大数据技术飞速发展的今天，工具使用能力已经从翻译能力中的次级范畴转换为沟通其他能力进行翻译实践的主要能力。王少爽和覃江华基于以往的研究，提出了包含技术知识、工具能力、技术思维和信息素养 4 种主干能力在内的译者技术能力体系模型。这就要求新时代的译者不仅要了解翻译技术的本质并形成理性认识，而且还要具有利用技术解决问题的意识，具体就体现在搜索能力和实际翻译实践活动中对具体工具操作和使用的能力两个方面。

国内外高校已经意识到了翻译技术能力对职业译者的重要性。根据最新调查数据显示，国内 249 所 MTI 培养单位中已有超过半数（125 所）开设了翻译技术相关课程。除了课程设置方面的变化，传统的翻译教学也被颠覆。高校开始与翻译服务企业进行对接，通过聘请翻译行业从业人员，并采用"项目型教学"为学生模拟真实的翻译实践场景，从而培养适应时代发展的翻译人才。对已经走出校门的译者来说，翻译协会、翻译技术供应商提供的讲座、培训以及专业论坛、社区中经验的交流与沟通都是译者的技术能力提升的重要资源。

4.3　技术引进层面的"认知摩擦"调节策略

虽然翻译技术中"认知摩擦"问题主要体现在技术设计和技术使用两个环节。但是翻译服务企业对利润的无限追求以及社会对于翻译任务的快速增长才是真正促使翻译技术得以研发和应用的根本原因。为此，翻译技术中"认知摩擦"问题的解决也离不开这两个环节的努力。

4.3.1　翻译服务企业应该维护翻译标准，保障译者的基本权益

由于翻译服务企业在交付时间、项目成本等方面提出了苛刻要求，翻译质量似乎已经不再是当今衡量翻译项目成功的唯一标准。这就使得译者

为了自身利益，不得不去最大限度地对翻译记忆与机器翻译进行复用。长此以往，不仅会造成翻译质量的下滑，同样还有损译者的工作热情。为此，翻译标准的维护不仅需要翻译服务企业坚守职业准则，为译者提供充足的时间和物力支持；还有赖于翻译工作者协会通过"职业规范""质量评价标准"等进行第三方监管。

作为职业化翻译活动的组织者，翻译服务企业同样应该为译者的基本权益提供保障。具体来说，翻译服务企业可以从物理因素和社会因素两方面入手进行调节。物理因素就是指译者所使用的家具和设备。工作环境的好坏，座椅的舒适度、空气流通性、设备流畅性等都影响着译者的情绪。社会因素包括译者之间的合作与交流，以及译者与翻译活动中的其他主体（如项目经理和审校）之间的互动。这就需要翻译服务企业不仅关注译者的物质或生理需求，同时对心理层面出现的问题也要加以及时疏导。

4.3.2　社会应该重拾对翻译的价值认同

翻译不仅是一项古老的人类职业，同样也是集科学性与艺术性为一身人类实践活动。但是由于翻译具有从属性、派生性等特点，长久以来就没有得到应有的社会认同。而伴随着翻译技术的不断发展，尤其是在媒体的大肆渲染下，翻译这一职业似乎和流水线工人一般即将被机器无情取代。这种对翻译价值的错误认知，不仅造成了译者收入和精力投入不匹配的尴尬局面，同时也进一步降低了译者的社会地位。通过审视翻译技术的发展历程我们发现，虽然经过数十年的发展，但是距离最初"全自动高质量"的目标依旧存在着不小的差距。这就意味着人脑和机器在翻译活动中所呈现的认知模式是完全不同的，从而更加彰显出翻译活动的独特价值以及技术的内在局限。为此，社会层面对翻译活动的关注、对翻译职业薪资与地位的改善都有助于译者提升满足感从而消解"认知摩擦"带来的负面影响。

5　结束语

人是技术的创造者，人的需求不仅作为技术发展的动力，同时也指引着技术的前进方向。而技术研发的目的就在于为人们提供生活更轻松、更愉快的可能性。然而当下越来越复杂的技术却偏离了原本的轨道，用户不仅学习吃力，同时在使用过程中也并未获得满足感。我们需要看到，人性价值与技术创新之间是一个相互激励、共同提升的过程。人性可以引导技术演化，新技术又触发了新的人性价值追求。面对翻译技术发展中出现的"认知摩擦"问题，只有在技术设计者、技术使用者和技术引进者的共同努力下才会得以解决，从而实现译者和翻译技术的良性互动。

参考文献：

［1］艾伦·库伯. 交互设计之路：让高科技产品回归人性［M］. 北京：电子工业出版社，2006.

［2］唐纳德·A·诺曼. 设计心理学1：日常的设计［M］. 小柯，译. 北京：中信出版社，2015.

［3］唐纳德·A·诺曼. 设计心理学3：情感化设计［M］. 小柯，译. 北京：中信出版社，2015.

［4］刘绍龙. 翻译心理学［M］. 武汉：武汉大学出版社，2007.

［5］李晗佶，陈海庆. 翻译技术研究现状、问题与展望［J］. 北京科技大学学报（社会科学版），2019，35（4）：112-118.

［6］王华树，李德凤，李丽青. 翻译专业硕士（MTI）翻译技术教学研究：问题与对策［J］. 外语电化教学，2018（3）：76-82，94.

［7］王少爽，覃江华. 大数据背景下译者技术能力体系建构——《翻译技术教程》评析［J］. 外语电化教学，2018（1）：90-96.

［8］张凯，季艺. 产品设计中认知摩擦成因分析［J］. 设计，2018（10）：102-104.

［9］弗兰斯·德莱特. 警惕：机器翻译引发全球两大对立阵营［EB/OL］. 搜狐网，2017-12-01.

［10］CHAN S. W. The Future of Translation Technology：Towards a World with- out Babel［M］. London：Routledge，2016.

[11] EHRENSBERGER – DOW M, JSEKINEN R. Ergonomics of translation: methodological, practical, and educational implications [M]. London: Routledge, 2018.

[12] MOORKEN J, O'BRIEN S. Assessing User Interface Needs of Post –Editors of Machine Translation [M]. London: Routledge, 2017.

[13] SHARP H, ROGERS Y, PREECE J. Interaction Design. Beyond Human –Computer Interaction [M]. New Jersey: John Wiley & Sons, 2007.

[14] LAGOUDAKI E. The Value of Machine Translation for the Professional Translator [C] //Proceedings of the 8th Conference of the Association for Machine Translation in the Americas: Student Research Workshop. Waikiki: AMTA, 2008: 262–269.

[15] BUNDGAARD K. translator attitudes towards translator–computer interaction: findings from a workplace study [J]. Hermes, 2017 (56): 125–144.

[16] BLANC M L. Translators on translation memory (TM). Results of an ethnographic study in three translation services and agencies [J]. Translation & Interpreting, 2013, 5 (2): 46–50.

[17] Li H, CHEN H. Human vs. AI: An Assessment of the Translation Quality Between Translators and Machine Translation [J]. International Journal of Translation Interpretation and Applied Linguistics, 2019, 1 (1): 43–54.

[18] O'BRIEN S, EHRENSBERGER – DOW M, CONNOLLY M, et al. Irritating CAT Tool Features that Matter to Translators [J]. Hermes (Denmark), 2017 (56): 145.

[19] OLOHAN M. Translators and Translation Technology: The Dance of Agency [J]. Translation Studies, 2011 (3): 342–357.

[20] BEEBY A, FERNANDEZ M, FOX O, et al. Investigating Translation Competence: Conceptual and Methodological Issues [J]. Meta,

2005, 50（2）：609-619.

[21] TEIXEIRA C. The Impact of Metadata on Translator Performance：How Trans-lators Work With Translation Memories and Machine Translation [D]. Catalunya：Universitat Rovirai Virgili, 2014.

[22] WU Y, SCHUSTER M, CHEN Z, et al. Google´s Neural Machine Translation System：Bridging the Gap between Human and Machine Translation [EB/OL]. arXiv：1609.08144, 2016-09-26.

[23] TABOR J. CAT Tool Use by Translators：Who is Using? [EB/OL]. Proz, 2019-02.03.

[24] Pym, A. Translation Technology and Training for Intercultural Dialogue：What to do When Your Translation Memory won´t Talk with You [A]. In：Dimitriu, R., Freigang, K, H (eds.). Translation Technology in Translation Clases [C]. Iasi：Institutul European, 2008.（核查）

[25] MELBY, A. K. Eight Types of Translation Technology [C]. American Translators Association, 1998.（核查）

四、拓展阅读

①QUAH C K. 翻译与技术 [M]. 上海：上海外语教育出版社, 2008.

本书介绍了如机器翻译等翻译工具的发展, 同时还介绍了翻译工具改进对翻译职业所带来的变化。作者还在书中进一步挖掘了技术与翻译理论之间的关系。

②陈善伟. 翻译科技新视野 [M]. 北京：清华大学出版社, 2014.

本书对翻译技术的发展进行了回顾, 同时比较了现有机辅系统的特色及优劣。作者按电子译文生成过程将翻译科技功能归入各阶段, 分别探讨功能与翻译工作的关系, 并从不同角度探讨了翻译科技的未来。

③迈克尔·克罗宁. 数字化时代的翻译 [M]. 北京：外语教学与研究出版社, 2017.

　　该书从人们对数字化浪潮的困惑入手，重新审视了数字化时代翻译的内涵、角色与地位，剖析了其变革对于社会、文化与政治的影响。不仅厘清了翻译与数字技术之间的动态关系，也指出了翻译的数字化转型所牵涉的主要理论与社会问题。

　　④ KENNY D. Human Issues in Translation Technology ［C］. London：Routledge，2017.

　　该论文集将视角聚焦于技术对译者在情感、态度、需求和接受等方面所造成的影响，关注人们与翻译技术互动中存在的一些共性问题。从不同角度出发，对译员在当今技术化翻译实践中所处的位置以及作用进行了研究。